メアリー・アニングに関係《かんけい》した地域《ちいき》

イギリスでうまれたメアリー・アニングに関係《かんけい》した場所《ばしょ》とできごとを記《しる》した地図《ちず》です。

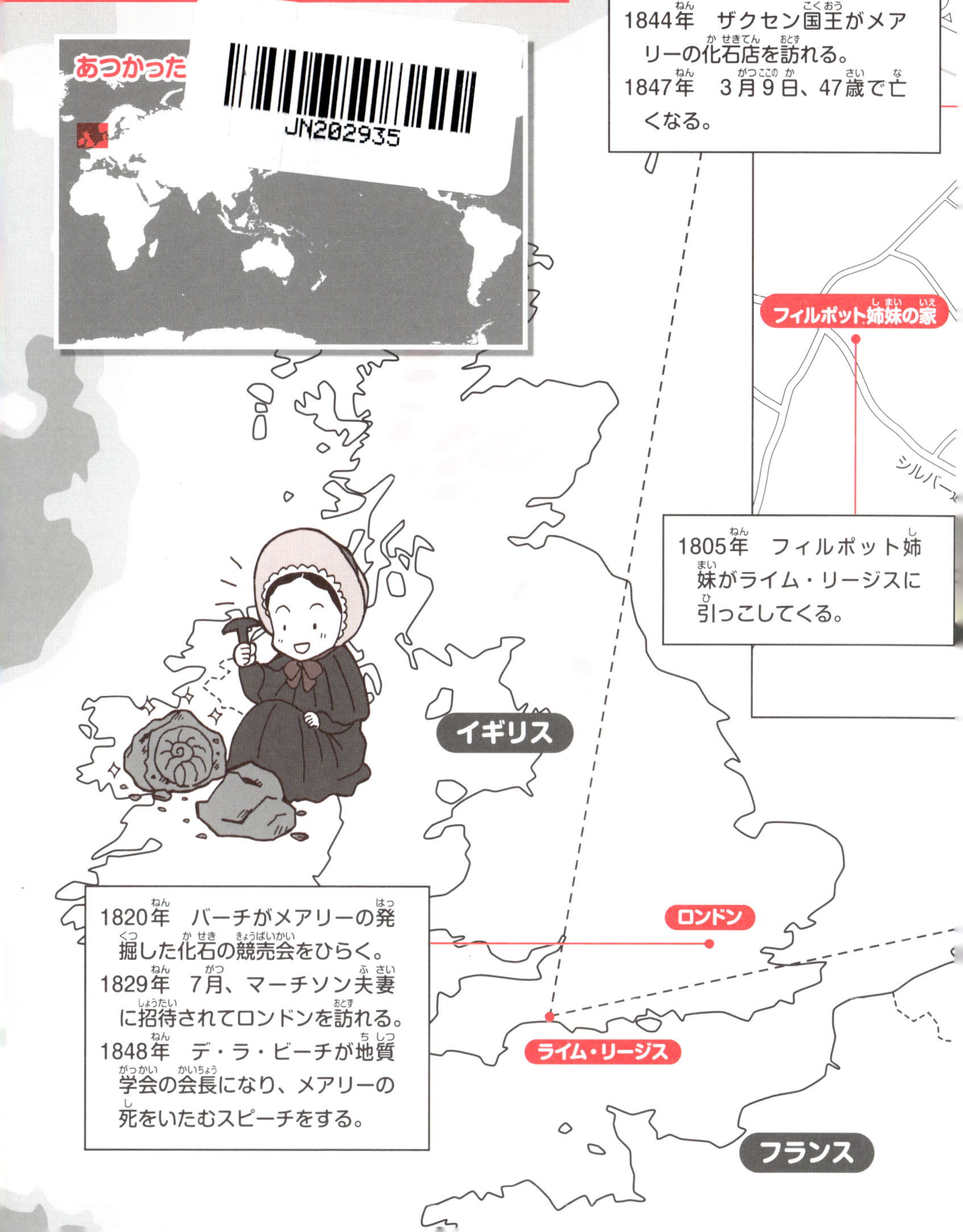

1826年《ねん》　海岸《かいがん》ぞいの家《いえ》から、高台《たかだい》の家《いえ》に引《ひ》っこす。
1842年《ねん》　母《はは》モリーが亡《な》くなる。
1844年《ねん》　ザクセン国王《こくおう》がメアリーの化石店《かせきてん》を訪《おとず》れる。
1847年《ねん》　3月9日《がつここのか》、47歳《さい》で亡《な》くなる。
フィルポット姉妹《しまい》の家《いえ》
1805年《ねん》　フィルポット姉《し》妹《まい》がライム・リージスに引《ひ》っこしてくる。
イギリス
ロンドン
ライム・リージス
1820年《ねん》　バーチがメアリーの発掘《はっくつ》した化石《かせき》の競売会《きょうばいかい》をひらく。
1829年《ねん》　7月《がつ》、マーチソン夫妻《ふさい》に招待《しょうたい》されてロンドンを訪《おとず》れる。
1848年《ねん》　デ・ラ・ビーチが地質《ちしつ》学会《がっかい》の会長《かいちょう》になり、メアリーの死《し》をいたむスピーチをする。
フランス

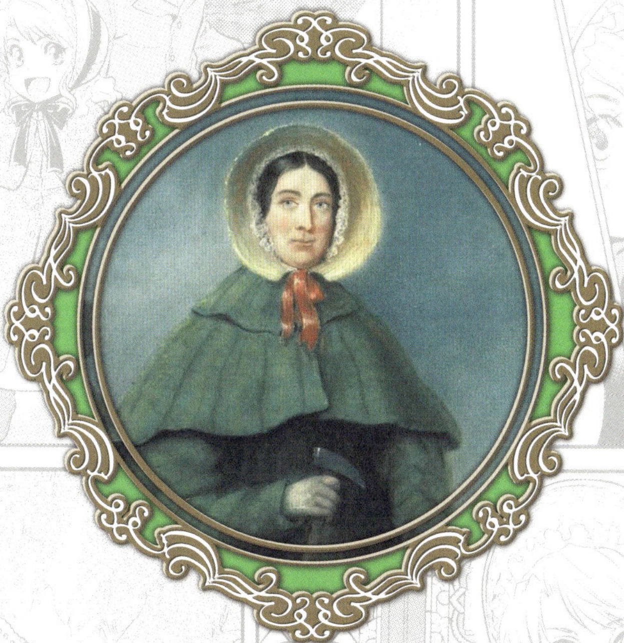

コミック版
世界の伝記
41

メアリー・アニング

漫画：北神 諒　監修：矢島道子

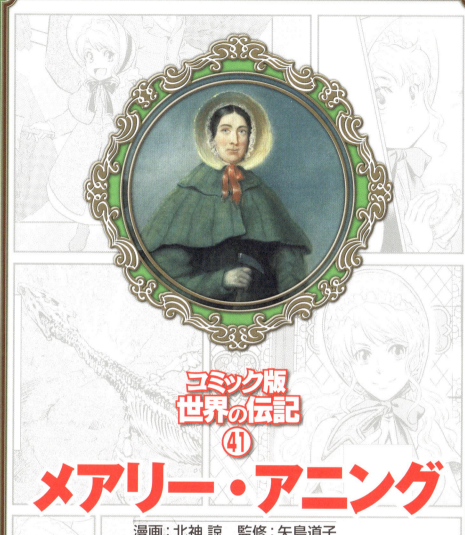

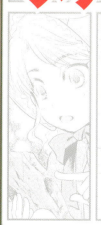

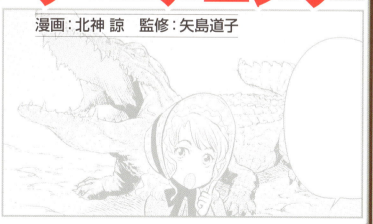

コミック版 世界の伝記㊶

メアリー・アニング

目次《もくじ》

ためになる学習資料室《がくしゅうしりょうしつ》

※この作品は、歴史文献をもとにまんがとして再構成したものです。

登場人物紹介《とうじょうじんぶつしょうかい》

メアリー・アニング

イギリス南西部《なんせいぶ》の町《まち》ライム・リージスにうまれる。子《こ》どものころから父《ちち》に化石《かせき》の発掘《はっくつ》を教《おそ》わってそだち、やがて発掘《はっくつ》した化石《かせき》を販売《はんばい》して生計《せいけい》をたてるようになる。魚竜《ぎょりゅう》イクチオサウルスの化石《かせき》など、数《かず》かずの大発見《だいはっけん》をして古《こ》生物《せいぶつ》の研究《けんきゅう》に大《おお》きな発展《はってん》をもたらす。

リチャード

メアリーの父《ちち》。家具職《かぐしょく》人《にん》の仕事《しごと》のかたわら、発《はっ》掘《くつ》した化石《かせき》を売《う》って生《せい》活《かつ》の足《た》しにしていた。メアリーが化石発掘《かせきはっくつ》の道《みち》に進《すす》むきっかけになる。

モリー

メアリーの母《はは》。はじめは化石《かせき》の発掘《はっくつ》をすることに反対《はんたい》していたが、やがてメアリーの仕事《しごと》に理解《りかい》をしめすようになる。

ジョゼフ

メアリーの兄《あに》。父《ちち》リチャードの死後《しご》、家具《かぐ》職人《しょくにん》となるが、メアリーの化石発掘《かせきはっくつ》の仕事《しごと》を助《たす》け、一家《いっか》をささえる。

デ・ラ・ビーチ

イギリスの地質学者《ちしつがくしゃ》。上《じょう》流階級《りゅうかいきゅう》の出身《しゅっしん》で、少年《しょうねん》時代《じだい》にメアリーと出《で》あい、一生《いっしょう》を通《つう》じてしたしく交流《こうりゅう》した。精神的《せいしんてき》・経済的《けいざいてき》にメアリーをささえる。

エリザベス・フィルポット

ライム・リージスに住《す》む上流階級《じょうりゅうかいきゅう》の家庭《かてい》の娘《むすめ》。化石集《かせきあつ》めが趣味《しゅみ》で、ふたりの姉《あね》とともにメアリーと交流《こうりゅう》する。

バーチ中佐《ちゅうさ》

イギリスの化石収集家《かせきしゅうしゅうか》。メアリーの化石《かせき》を販売《はんばい》する競売会《きょうばいかい》をひらき、メアリーの名《な》が広《ひろ》く知《し》られるきっかけをつくる。

序章《じょしょう》 宝物《たからもの》

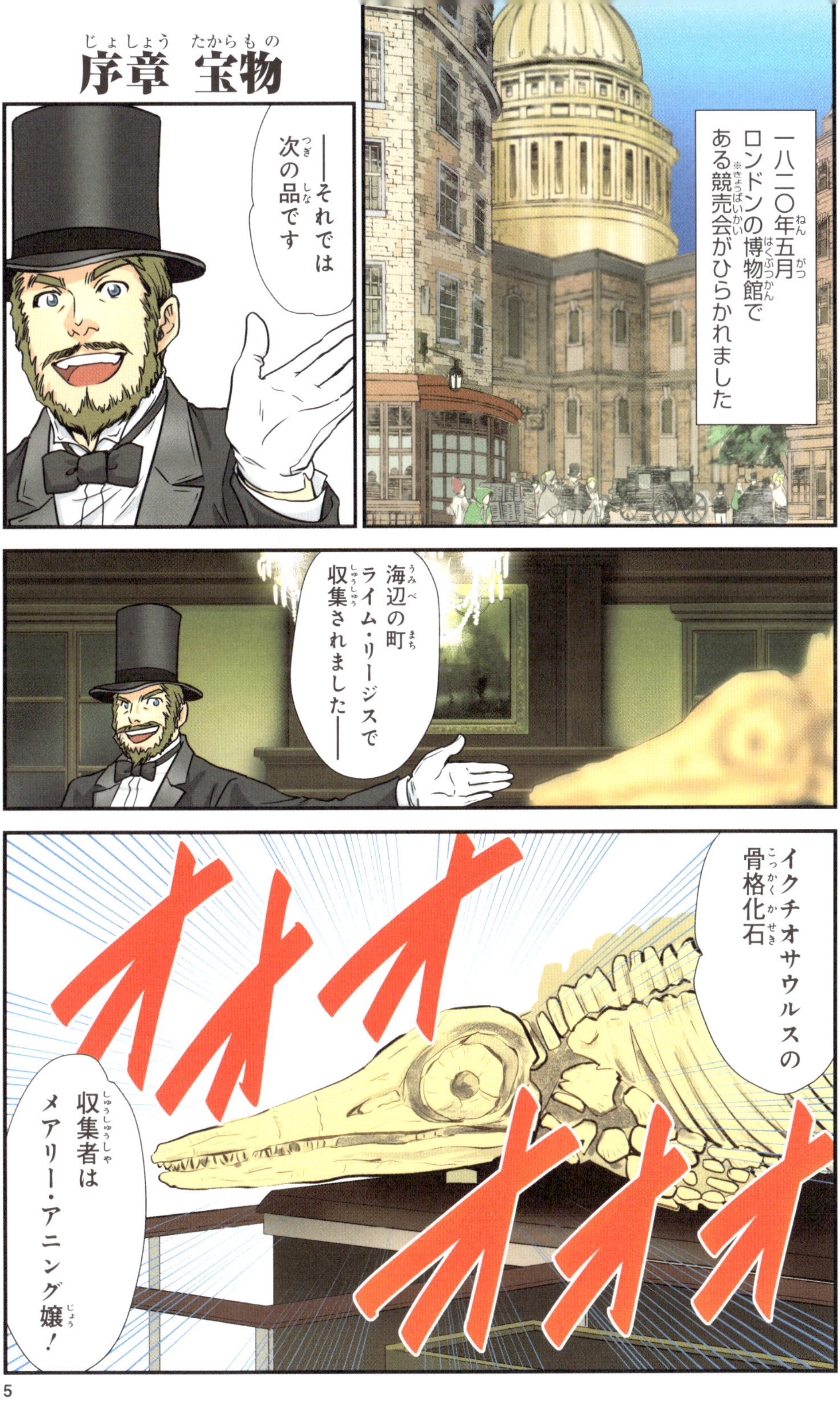
一八二〇年《ねん》五月《がつ》ロンドンの博物館《はくぶつかん》である※競売会《きょうばいかい》がひらかれました
――それでは次《つぎ》の品《しな》です
海辺《うみべ》の町《まち》ライム・リージスで収集《しゅうしゅう》されました――
イクチオサウルスの骨格《こっかく》化石《かせき》
オオオ
オオオ
収集者《しゅうしゅうしゃ》はメアリー・アニング嬢《じょう》！

※複数《ふくすう》の買《か》い手《て》にめいめいに値段《ねだん》をつけさせて、そのうちもっとも高《たか》い値《ね》をつけた者《もの》に売《う》る方法《ほうほう》。オークション

メアリー！
今日《きょう》は化石《かせき》の競売会《きょうばいかい》だっていうのに気《き》にならないのかい？

競売《きょうばい》のことはバーチ中佐《ちゅうさ》にまかせてあるもの
きっと うまくやってくれるはずよ
この町《まち》で心配《しんぱい》しているよりも
宝物《たからもの》を集《あつ》めてくるわ

19世紀《せいき》イギリスの海辺《うみべ》の町《まち》
ライム・リージスで
うまれそだった
メアリー・アニングは
町《まち》の崖《がけ》からとれる化石《かせき》を
集《あつ》め 販売《はんばい》することで
生活《せいかつ》していました
このころ ヨーロッパ社会《しゃかい》では
古代《こだい》の生物《せいぶつ》への関心《かんしん》が高《たか》まり
化石《かせき》を買《か》いもとめる人《ひと》が
ふえていたのです
さあ また
たくさんの宝物《たからもの》を
見《み》つけなきゃ！

第《だい》1章《しょう》 海辺《うみべ》の少女《しょうじょ》

一七九九年《ねん》五月《がつ》 メアリーは
家具職人《かぐしょくにん》のリチャードと
その妻《つま》モリー※との間《あいだ》に
うまれました
翌年《よくとし》 メアリーが
町《まち》の有名人《ゆうめいじん》になる
ある事件《じけん》がおこります
ピカッ
町《まち》にサーカスが訪《おとず》れて
人《ひと》びとは見物《けんぶつ》に
くりだしましたが——
サァァァァ
ザアァァ
こっちへ
はやく！
アァーン
バシャ バシャ バシャ

※本名《ほんみょう》は「メアリー」だったが、「モリー」という愛称《あいしょう》で呼《よ》ばれていた

すごい雨《あめ》
アアーン
アアーン
よしよし
泣《な》かないで
お嬢《じょう》ちゃん
!!
!?

あまやどりをしていた木《き》に雷《かみなり》が落《お》ち――
キャアアア
メアリーを抱《だ》いていた子守《こも》りの女性《じょせい》をふくめ3人《にん》が亡《な》くなります
メアリーはすぐにアニング家《け》に連《つ》れかえられますが――
先生《せんせい》！こっちです
すぐ お湯《ゆ》にひたすんだ
メアリーの父《ちち》
リチャード
なんてこと!!
メアリーの母《はは》
モリー

母《はは》のモリーは 生涯《しょうがい》で
10人《にん》の子《こ》をさずかりますが
そのうち8人《にん》を
幼《おさな》いうちに亡《な》くします
また 子《こ》どもを
うばわれるなんて!
ピクッ
フギャアアアア
いきているぞ!!
そんなまさか!
奇跡《きせき》だ!
オギャアアアーン
アーン…
メアリーは奇跡的《きせきてき》に一命《いちめい》を
とりとめ「落雷《らくらい》から生還《せいかん》した
特別《とくべつ》な子《こ》ども」として町中《まちじゅう》に
知《し》られるようになりました
アアーン
アァー

それから7年後《ねんご》——
ねえ 父《とう》さん 今日《きょう》は 私《わたし》も 海辺《うみべ》の石集《いしあつ》めに 連《つ》れていって くれるのでしょ
メアリー 8歳《さい》
キラ キラ
キラ
し〜〜〜っ
メアリーの兄《あに》
ジョゼフ
ジロリ

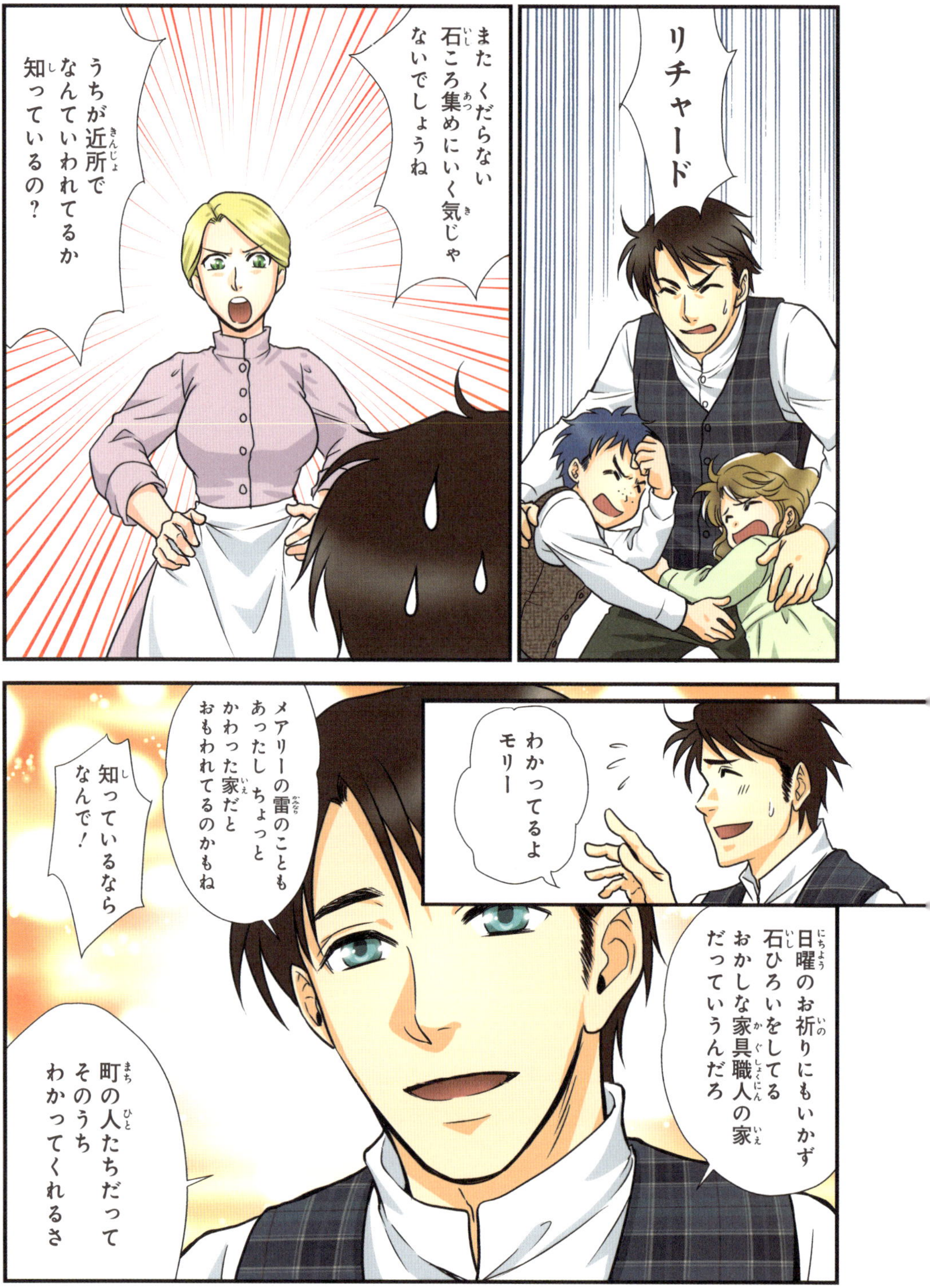
リチャード
また　くだらない石《いし》ころ集《あつ》めにいく気《き》じゃないでしょうね
うちが近所《きんじょ》でなんていわれてるか知《し》っているの？
わかってるよモリー
日曜《にちよう》のお祈《いの》りにもいかず石《いし》ひろいをしてるおかしな家具職人《かぐしょくにん》の家《いえ》だっていうんだろ
メアリーの雷《かみなり》のこともあったし　ちょっとかわった家《いえ》だとおもわれてるのかもね
知《し》っているならなんで！
町《まち》の人《ひと》たちだってそのうちわかってくれるさ

あれのすばらしさを知《し》っていて ほしがる人《ひと》もたくさんいるんだ
売《う》れば すこしは家計《かけい》の足《た》しにもなる
！
……だけど
あなたは体《からだ》が強《つよ》くないのに重《おも》たい石《いし》を運《はこ》んだりして何《なに》かあったら……
自分《じぶん》の体《からだ》のことだものよくわかってるよ でもだからこそ 子《こ》どもたちに伝《つた》えておきたいんだ
あの石《いし》――「化石《かせき》」を海辺《うみべ》で見《み》つける方法《ほうほう》をそして何《なに》より
化石《かせき》の美《うつく》しさや不思議《ふしぎ》さをね
ドキ ドキ
ドキ ドキ

母《かあ》さんは どうしてあんなに 反対《はんたい》するのかしら
フウ…
父《とう》さんや ぼくらが 町《まち》で変《へん》な目《め》で見《み》られ ないか 心配《しんぱい》なんだよ
しかた ないわね
んせ んせ
バタバタ
したく できたかい メアリー
まって!
さあ いくよ
母《かあ》さん

お昼《ひる》ごはん！
ムス
さすが母《かあ》さんだ
ありがとう
いってきます！
ザザ
ガサガサ

潮《しお》が引《ひ》いて海藻《かいそう》がいっぱいね
すべりやすいから気《き》をつけるんだよ
はーい
歩《ある》きやすくなったわ♥
見《み》てごらん ふたりとも あの崖《がけ》がブラック・ベンだ
あそこは見《み》かけよりももろい 嵐《あらし》のあとはとくにもろいんだ
どこから崩《くず》れるかわからない
けっして近《ちか》づいてはいけないよ

嵐《あらし》……きのうの夜《よる》もきてたわ
だから私《わたし》 石集《いしあつ》めに連《つ》れてきてもらえないいんじゃないかとおもってた
とんでもない！
嵐《あらし》のあとこそチャンスなんだよ
えぇーどうして？
いずれわかるさ
!?
はなれて歩《ある》けばだいじょうぶ
波打《なみう》ちぎわなら安全《あんぜん》だ

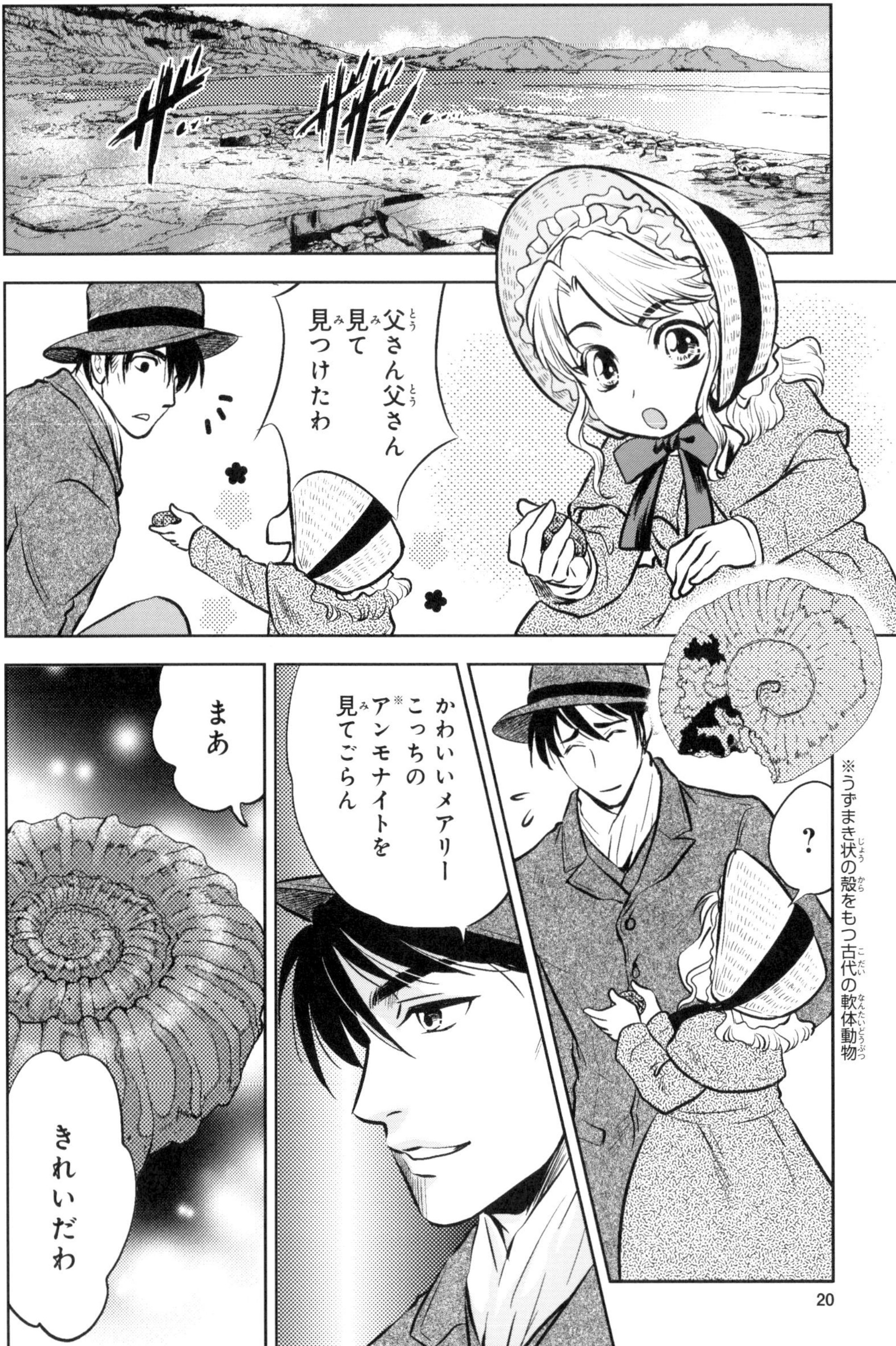
ザザ…
ザザン…
父《とう》さん父《とう》さん 見《み》て 見《み》つけたわ
※うずまき状《じょう》の殻《から》をもつ古代《こだい》の軟体動物《なんたいどうぶつ》
?
かわいいメアリー こっちの ※アンモナイトを 見《み》てごらん
まあ
きれいだわ

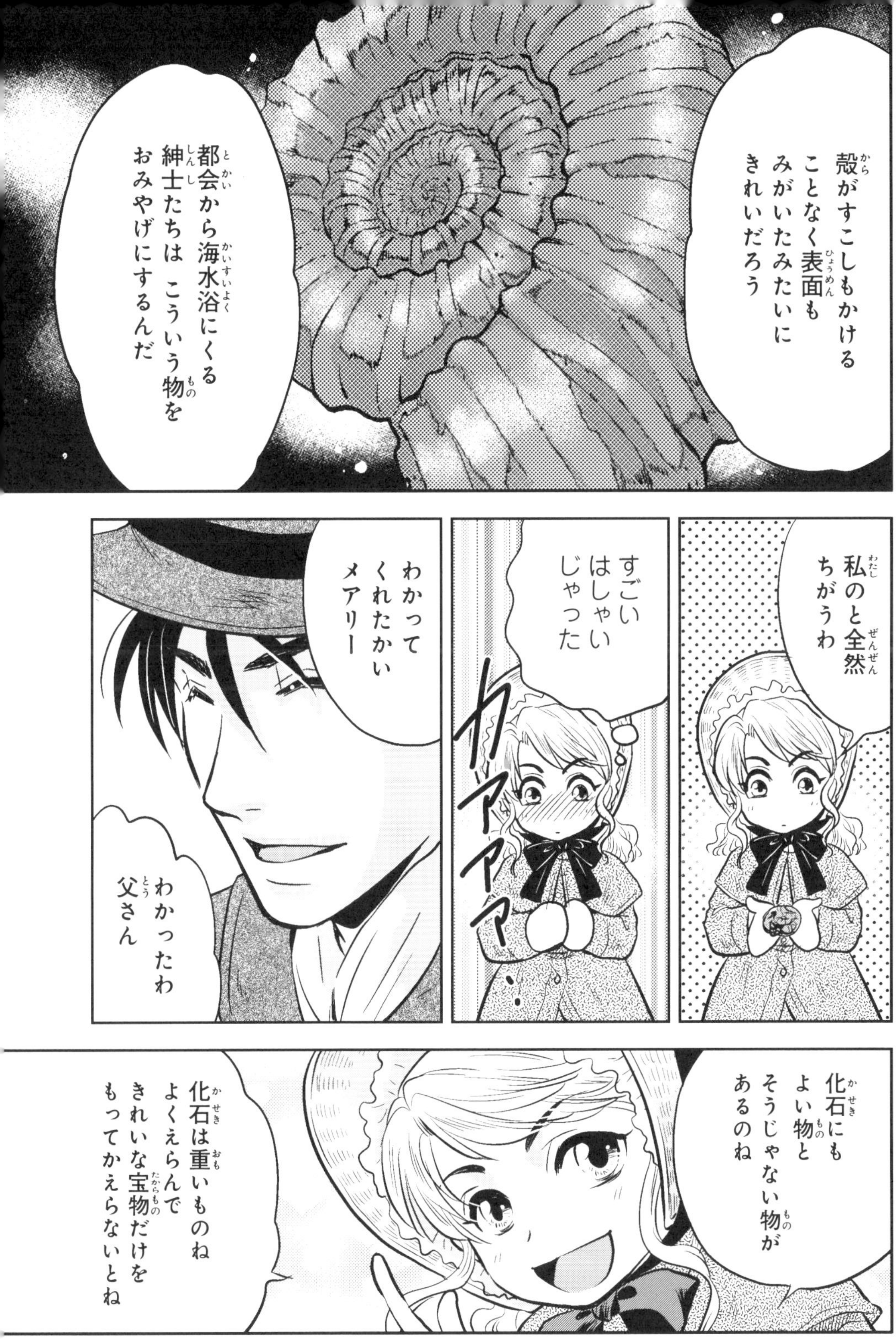
殻《から》がすこしもかけることなく表面《ひょうめん》もみがいたみたいにきれいだろう
都会《とかい》から海水浴《かいすいよく》にくる紳士《しんし》たちは　こういう物《もの》をおみやげにするんだ
私《わたし》のと全然《ぜんぜん》ちがうわ
すごいはしゃいじゃった
カァァァ…
わかってくれたかいメアリー
わかったわ父《とう》さん
化石《かせき》にもよい物《もの》とそうじゃない物《もの》があるのね
化石《かせき》は重《おも》いものねよくえらんできれいな宝物《たからもの》だけをもってかえらないとね

メアリーは
とても
わかりがはやいね
うふふ
父《とう》さんは 私《わたし》たちに
化石《かせき》集《あつ》めについて
色《いろ》いろ教《おし》えてくれた
化石《かせき》は岩《いわ》のなかに
かくれていること
嵐《あらし》や波《なみ》が岩《いわ》を
けずって化石《かせき》を
とりだしやすく
してくれること
上等《じょうとう》な化石《かせき》は
布《ぬの》でくるんで
傷《きず》つかないように
運《はこ》ぶこと
化石《かせき》を割《わ》らないように
岩《いわ》をけずる
練習《れんしゅう》もしたの

まるで
宝《たから》さがしを
しているみたい
すごいわ兄《にい》さん
化石《かせき》をこわさないように
まわりの岩《いわ》をじょうずに
けずってる
私《わたし》なら
じれったくなって
岩《いわ》を強《つよ》くたたい
ちゃいそう
メアリーだって
大事《だいじ》な物《もの》が
こわれてしまったら
いやだろう？
いやだわ！
化石《かせき》も 大事《だいじ》な物《もの》
みたいに やさしく
あつかえばいいんだよ
うん

ジョゼフは
だいぶうまく
なったようだね
さて ふたりとも
もうひとつ大事《だいじ》なことだ
潮《しお》には油断《ゆだん》しては
ならないよ
いまは引《ひ》き潮《しお》だが
潮《しお》が満《み》ちると
あの堤防《ていぼう》が海《うみ》の下《した》に
かくれてしまう
そうなる前《まえ》に
石集《いしあつ》めはおしまいだ
満潮《まんちょう》になれば
このあたりも海《うみ》に
沈《しず》んでしまうからね

だから 夜明《よあ》け前《まえ》の引《ひ》き潮《しお》の間《あいだ》に化石集《かせきあつ》めをするのね
そう それにおみやげで売《う》る化石《かせき》を集《あつ》めている人《ひと》はほかにもいるからね
はやいうちによい化石《かせき》をとっておくのさ
化石集《かせきあつ》めは楽《たの》しいだけじゃないのね
化石《かせき》の掘《ほ》り方《かた》や潮《しお》の満《み》ち引《ひ》き
私《わたし》の知《し》らないことがたくさんあるんだ
!?

これは何《なに》かしら？
「椎骨《ついこつ》」の化石《かせき》だね 動物《どうぶつ》の背骨《せぼね》をつくっている骨《ほね》のひとつだよ
おそらく ワニのものだろう
えっ ワニ!?
ワニがここにいたの？
どうしてワニってわかるの!?
以前《いぜん》 おなじように大《おお》きな顎《あご》の骨《ほね》を見《み》つけた人《ひと》がいてね
むかし ここらにいたワニの骨《ほね》だろうと考《かんが》えたんだ

ワニって大《おお》きいわよね どうして どうやって 岩《いわ》にとじこめられて しまったんだろう
かわいいメアリー それは父《とう》さんにも わからない 深《ふか》い謎《なぞ》だね
神《かみ》さまの いたずらかもしれない
神《かみ》さまのいたずら? なら 私《わたし》たちに わかる時《とき》は こないのかしら
でもきっと 知《し》りたいと おもうのは 私《わたし》だけでは ないわよね……
ねぇ 父《とう》さん

このウミユリ※も
細長《ほそなが》くてつるりとした貝《かい》も
神《かみ》さまの秘密《ひみつ》のいたずらで
岩《いわ》にとじこめられたのよね
そうだろうね
さあ 今日《きょう》は
ここまでだ
続《つづ》きは 来週《らいしゅう》の
日曜《にちよう》にしよう
はじめての
化石集《かせきあつ》め
たくさんのことを
教《おそ》わった

※見《み》ためがユリににていることから名《な》づけられた、海底《かいてい》にすむ生物《せいぶつ》

もっともっと
化石《かせき》を集《あつ》めたい
もっと色《いろ》いろな
ことを知《し》りたい
そうしたら
いつか神《かみ》さまの
秘密《ひみつ》だって
わかってしまうかも
しれないわね

第《だい》2章《しょう》　はじめての仕事《しごと》

一八一〇年《ねん》
貧《まず》しいながらも
幸《しあわ》せだった一家《いっか》に
大《おお》きな不幸《ふこう》が訪《おとず》れます
父《ちち》リチャードが
亡《な》くなったのです
ザザ

父《とう》さん──
やさしい笑顔《えがお》も もう見《み》られない
やさしい声《こえ》も もう聞《き》けない
もともと体《からだ》の弱《よわ》い人《ひと》だったけれど
数年前《すうねんまえ》 崖《がけ》で事故《じこ》にあってから ますます弱《よわ》っていった
「かわいいメアリー」
そう呼《よ》んでくれる人《ひと》は もう どこにも いないんだ

母《かあ》さん
母《かあ》さん!?
……
……ああ 食事《しょくじ》……?
…すこし まってね……
フラ
母《かあ》さんは ずっと ふさぎこんでいて 私《わたし》たちの声《こえ》も あまり聞《き》こえない よう……
ひとりになると ずっと泣《な》いて いるの

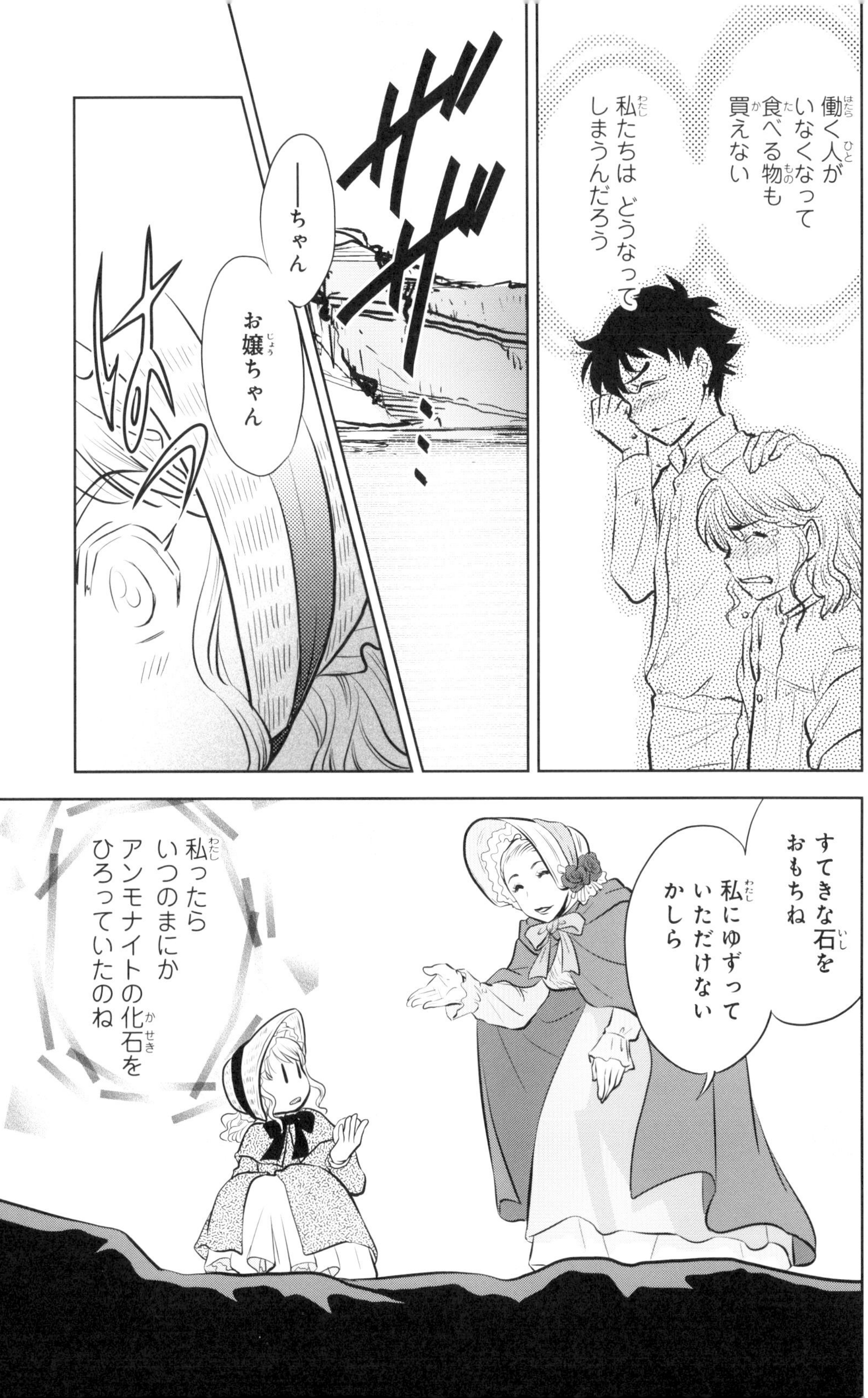
働《はたら》く人《ひと》が
いなくなって
食《た》べる物《もの》も
買《か》えない
私《わたし》たちは どうなって
しまうんだろう
ザザザ
――ちゃん
お嬢《じょう》ちゃん
はっ
すてきな石《いし》を
おもちね
私《わたし》にゆずって
いただけない
かしら
私《わたし》ったら
いつのまにか
アンモナイトの化石《かせき》を
ひろっていたのね

この石《いし》をおゆずりするんですか?
こんな立派《りっぱ》なご婦人《ふじん》が 私《わたし》に声《こえ》をかけるなんて……
この町《まち》にきた記念《きねん》になる石《いし》をさがしたのだけどなかなかすてきな石《いし》を見《み》つけられなかったの
銀貨《ぎんか》1枚《まい》でどうかしら?
!?
ひろった化石《かせき》に銀貨《ぎんか》1枚《まい》?そんなに!?
上流階級《じょうりゅうかいきゅう》の人《ひと》ってそういうものなの?
ぐるぐるぐる
夢《ゆめ》!?
いいえ夢《ゆめ》じゃない!!

父《とう》さんがいってたのは
このことだったんだ！
化石《かせき》のすばらしさを
知《し》っていて
ほしがる人《ひと》がいるんだ！
ありがとう
ございます！
ぱっ
ダッ
母《かあ》さん!!
これ見《み》て
母《かあ》さん！

海辺《うみべ》で 上品《じょうひん》な ご婦人《ふじん》が 化石《かせき》を 買《か》ってくれたのよ!
メアリー……
落《お》ちついて ……
父《とう》さんのいった 通《とお》りだった! 化石集《かせきあつ》めは すてきな仕事《しごと》だった!!
本当《ほんとう》かい!? すごいじゃないか
そうでしょ 兄《にい》さん!!
だからね 私《わたし》 おもったの 私《わたし》が 父《とう》さんのように 化石《かせき》を売《う》ればいいのよ
いいアイデアだよ メアリー

ぼくも家具職人《かぐしょくにん》の修業《しゅぎょう》をはじめたけど お給料《きゅうりょう》なんて たかがしれているからね
私《わたし》は……いまでも あなたが石《いし》ひろいに いくのは反対《はんたい》よ 海辺《うみべ》は危険《きけん》だもの……
母《かあ》さん……
——でも 父《とう》さんは こうなることを見《み》こして あなたたちに石集《いしあつ》めの ことを教《おし》えていたのかも しれないわね……
じゅうぶんに 気《き》をつけると 約束《やくそく》してちょうだい
もちろんよ！ 危《あぶ》ないことは しないわ
ぼくも 日曜《にちよう》には 手伝《てつだ》うよ

こうしてメアリーは
自分《じぶん》で化石《かせき》を集《あつ》め
売《う》りはじめたのでした
何《なに》してるんだよ メアリー・アニング
日曜《にちよう》のお祈《いの》りにもこないでさ
うるさいなあ あっちにいってよ
プイ
町《まち》の子《こ》たちーーー!! こっちは食《た》べていくためにやってるのに!
バチがあたるぞ!
ひどい子《こ》たちね

フィルポット家《け》のみなさん！
マーガレット・フィルポット
メアリー・フィルポット
エリザベス・フィルポット
お父《とう》さまのことは残念《ざんねん》だったわね メアリーさん
ライム・リージスに住《す》む フィルポット家《け》の三姉妹《さんしまい》は 上流階級《じょうりゅうかいきゅう》でありながら 貧《まず》しいメアリーにも わけへだてなく接《せっ》していました
力《ちから》になれることがあればいってね
すてきな化石《かせき》ねぇ！
ありがとうございます ぜひお手《て》にとってごらんください
上流階級《じょうりゅうかいきゅう》の人《ひと》たちにとっては こんな買《か》い物《もの》なんでもないんだ すごいな……

何《なに》か新《あたら》しいアクセサリーや部屋《へや》のかざりをと考《かんが》える上流階級《じょうりゅうかいきゅう》の人《ひと》びとにとってメアリーの化石《かせき》は新鮮《しんせん》でした
ガラ ガラ ガラ
お店《みせ》はおしまい？メアリー
ええ 母《かあ》さん
乗合馬車《のりあいばしゃ》のお客《きゃく》さんたちが全部《ぜんぶ》買《か》っていってしまったの
そんなことがあるのねえ

しかし よい日《ひ》ばかりではありません――
ガタ ガタ ガタ
嵐《あらし》のせいでお客《きゃく》さんがこないわ！
化石《かせき》は いっぱいあるのに～～～
バン バーン
しかたがないよ売《う》れる時《とき》があれば売《う》れない時《とき》だってあるさ
……!!
それじゃあ嵐《あらし》が続《つづ》くかぎり永遠《えいえん》に売《う》れないそんなんじゃだめなのに！

もっと安定《あんてい》して売《う》れる方法《ほうほう》を考《かんが》えないと……
椎骨《ついこつ》も ずいぶんふえたなあ
領主《りょうしゅ》のヘンリーさんがほしいといってくれてるの
たしか ワニの背骨《せぼね》だったね
そういわれているけど本当《ほんとう》にこんなに大《おお》きなワニがいたのかしら

翌日《よくじつ》――
晴《は》れたわ!!
まだ暗《くら》いけど
いくわよ兄《にい》さん
バタ
こら!
あわてると
転《ころ》ぶぞ
バタ
海《かい》そうじゃまっ
たしか このあたりに
前《まえ》に もちきれなくて
集《あつ》めておいた化石《かせき》が……
キョロ
キョロ

ずーん
どうした メアリー
すごいカオだぞ
集《あつ》めておいた化石《かせき》が 波《なみ》にもっていかれて いたわ……
嵐《あらし》だったからな 海《うみ》は 岩《いわ》をけずって ぼくたちの仕事《しごと》を 手助《てだす》けしてくれる けれど
敵《てき》にも味方《みかた》にも なるってことね よくわかったわ
それなら 嵐《あらし》に洗《あら》われて 地面《じめん》から 出《で》てきてる化石《かせき》を さがしてみるわ

ジョゼフ兄《にい》さんー
こっちにきて！魚《さかな》よ！魚《さかな》がそのまま石《いし》になってる
すごいじゃないか 嵐《あらし》でちょうど出《で》てきたんだね
前《まえ》に このあたりの岩《いわ》が もろそうだって おもっていたの
父《ちち》に教《おそ》わった知識《ちしき》にくわえ 自分《じぶん》の経験《けいけん》も糧《かて》にして メアリーは 化石掘《かせきほ》りとして 成長《せいちょう》していったのでした

第《だい》3章《しょう》 運命《うんめい》をかえる発見《はっけん》

夏《なつ》の観光《かんこう》シーズン到来《とうらい》ね!! おみやげに石《いし》を買《か》っていくお客《きゃく》さんがふえるわ!!
やる気《き》満《まん》まんだな ぼくは仕事《しごと》だけどお客《きゃく》さんがたくさんくるよう祈《いの》ってるよ
まかせて兄《にい》さん いってらっしゃい
……
〜〜〜〜〜〜でね
くど くど
くど くど
聞《き》いてらっしゃる?
はい……

こんなちっぽけな石《いし》に このお値段《ねだん》は 高《たか》すぎやしないかしら
くどくど
どうせ 海《うみ》にいったら ひろえる物《もの》なのでしょ？
くどくど
ぴくぴく…
お奥《おく》さま
海《うみ》でひろえる物《もの》ですし
ご自身《じしん》でひろえばただですわ
にっこり
あら じゃあ そうするわ
そりゃあ 私《わたし》は 石集《いしあつ》めが 好《す》きよ？
でも 楽《らく》な仕事《しごと》では ないわ
重《おも》いし よごれるし 時間《じかん》もかかる
だけど だれよりも たくさんの すてきな 石《いし》を集《あつ》められるっていう プライドがあるの

父《とう》さんから教《おそ》わって私《わたし》たち家族《かぞく》が築《きず》いている物《もの》だもの
かんたんだとおもうならやってみたらいいのよ
あむっ
それで　けっきょくそのご婦人《ふじん》はどうしたんだい？
お金《かね》もちとはおもえないような泥《どろ》まみれのびしょぬれでもどってきて
とびきりの笑顔《えがお》で対応《たいおう》したわ♥
石《いし》を値切《ねぎ》らないで買《か》っていったわ
やってみないとわからないことは多《おお》いよね
メアリーも
町《まち》の子《こ》たちにもっと笑《わら》いかけたり話《はな》してみたりすればつきあい方《かた》がわかるんじゃないのかい？
ぶっ
イヤよ！あの子《こ》たちはバカだもの
話《はな》したってムダよ！
これっお行儀《ぎょうぎ》のわるい
ドン
ドン

一八一一年《ねん》アニング家《け》の運命《うんめい》を 決定《けってい》づける事件《じけん》がおこります
それじゃあ いってくるよ
まって 兄《にい》さん
この前《まえ》の嵐《あらし》で ブラック・ベンの崖下《がけした》が けずられているはずだから 掘《ほ》りだし物《もの》を見《み》のがさないで
わかってる
いってきます
今日《きょう》は ジョゼフが 海岸《かいがん》にいくのね
日曜《にちよう》で 兄《にい》さんの 仕事《しごと》は休《やす》みだし 私《わたし》は店番《みせばん》よ
ブラック・ベンか……
ザザザ…
こ これは！

兄《にい》さん!!
何《なに》これ すごいわ
なんて大《おお》きさかしら
ワニね!
ワニの頭《あたま》だわ!!
おまえのいう通《とお》り ブラック・ベンの崖《がけ》で 見《み》つけてさ 町《まち》の人《ひと》たちに手伝《てつだ》って もらって 掘《ほ》りだしたんだ
そうだったのね きれいにとりだせて よかったわ

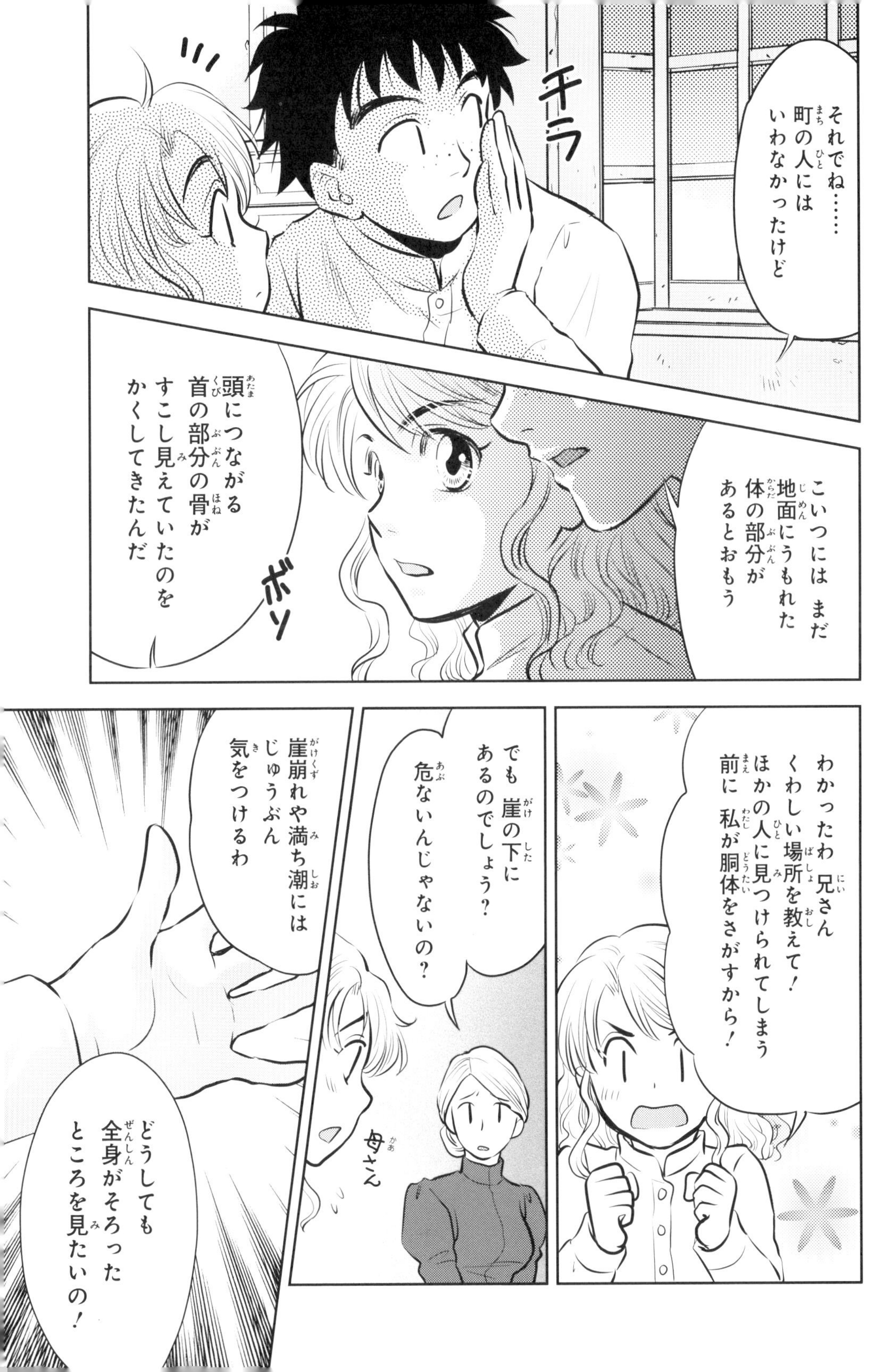
それでね……
町《まち》の人《ひと》にはいわなかったけど
チラ
こいつには まだ地面《じめん》にうもれた体《からだ》の部分《ぶぶん》があるとおもう
頭《あたま》につながる首《くび》の部分《ぶぶん》の骨《ほね》がすこし見《み》えていたのをかくしてきたんだ
ボソ
わかったわ 兄《にい》さん
くわしい場所《ばしょ》を教《おし》えて!
ほかの人《ひと》に見《み》つけられてしまう前《まえ》に 私《わたし》が胴体《どうたい》をさがすから!
でも 崖《がけ》の下《した》にあるのでしょう?
危《あぶ》ないんじゃないの?
母《かあ》さん
崖崩《がけくず》れや満《み》ち潮《しお》にはじゅうぶん気《き》をつけるわ
どうしても全身《ぜんしん》がそろったところを見《み》たいの!

それからというもの
メアリーたちは　毎日《まいにち》のように
崖《がけ》のようすを見《み》にいきました
アニング一家《いっか》の観察《かんさつ》は
1年近《ねんちか》くも続《つづ》きました
めあての胴体《どうたい》の化石《かせき》が
あらわれていないか
あらわれた化石《かせき》が波《なみ》に
さらわれてしまわないか
見《み》はったのです
まだダメだわ
兄《にい》さん
嵐《あらし》のせいで
土砂《どしゃ》の山《やま》ができてる

!?
だれ!?
ぼくはこっちだよメアリー
ええっ
ごめんなさい兄《にい》さんだとばかりおもって
いや
ぼくはヘンリー・トーマス・デ・ラ・ビーチ最近《さいきん》ライム・リージスにひっこしてきたんだ
きみたちアニング家《け》の人《ひと》だろう？

※軍隊《ぐんたい》の指揮官《しきかん》をそだてるための学校《がっこう》

それから
3人《にん》はよく
海辺《うみべ》に出《で》かけ
化石《かせき》をさがしたり
※地質学《ちしつがく》について
語《かた》りあうように
なるのでした

※地層《ちそう》や岩石《がんせき》など、地球《ちきゅう》を形《かたち》づくる物《もの》の性質《せいしつ》や歴史《れきし》を研究《けんきゅう》する学問《がくもん》

ビーチとの出《で》あいから
すこしたった
一八二二年《ねん》十二月《がつ》
とうとう まちにまった
瞬間《しゅんかん》が訪《おとず》れます
ザッ ザッ ザッ
嵐《あらし》のあとは
歩《ある》きづらいわ
そして
さむいわ
……
じ〜〜〜〜…
!!

ダッ
メアリー!?
母《かあ》さん 兄《にい》さん
見《み》つけた!! のこりの体《からだ》を見《み》つけたの!
大《おお》きい! 人手《ひとで》がないとむりよ!
わかったわ 人《ひと》をやといましょう
ジョゼフ 母《かあ》さんが大工《だいく》の工場《こうじょう》へいって人《ひと》を集《あつ》めるわ
おまえはメアリーと骨《ほね》の場所《ばしょ》を確認《かくにん》して
バタバタバタ
わかった!
ガヤガヤガヤガヤ

お願《ねが》い！
骨《ほね》を傷《きず》つけないで
とてももろい物《もの》なの
まかせろ！
背骨《せぼね》が出《で》たぞ
あばら骨《ぼね》もある
大《おお》きいぞ
このままじゃ
とりだせない
メアリー
どうする⁉

……!!
わかったわ いくつかに切《き》りわけます
指示《しじ》を出《だ》すので お願《ねが》いします！
おう！
すごいわ メアリー
フィルポットさん
ワニの骨《ほね》を発見《はっけん》したん ですって？
これは 時間《じかん》が かかりそうだね
町中《まちじゅう》の人《ひと》たちが 集《あつ》まって きちゃったわね
さし入《い》れよ
ワイワイ
でかいなあ 怪物《かいぶつ》だな
ガヤ
ガヤ
これ 本当《ほんとう》に ワニなのか？

むかしから そう いわれてるだろ
ザワ
まあなあ
ザワ
ザワ
あきらかに ちがうものだな……
みなさんのおかげで なんとか 掘《ほ》りだせました
ありがとう ございます
おう! よかったな メアリー
これは 私《わたし》たち家族《かぞく》を 助《たす》けてくれる すてきな宝物《たからもの》に ちがいないわ
この発見《はっけん》のしらせは ライム・リージスの 外《そと》にも伝《つた》わり――
のちに「幼《おさな》い少女《しょうじょ》 メアリー・アニングが ひとりで発見《はっけん》し 人《ひと》をやとい 発掘作業《はっくつさぎょう》を指揮《しき》した」という 伝説的《でんせつてき》な話《はなし》の原型《げんけい》に なっていきました

第《だい》4章《しょう》 アニング化石店《かせきてん》の主《あるじ》

※地質学《ちしつがく》の研究《けんきゅう》のため一八〇七年《ねん》に設立《せつりつ》された「ロンドン地質学会《ちしつがっかい》」のこと

それじゃあ さっそくひとつ
きみの発見《はっけん》した 全身化石《ぜんしんかせき》だけど
やはりワニではなく まったく別《べつ》の生物《せいぶつ》だと 認《みと》められて 「イクチオサウルス」と 名《な》づけられたよ
やっぱり！ ずいぶん時間《じかん》が かかったのね
領主《りょうしゅ》さまが 買《か》いとったあと 博物館《はくぶつかん》に寄贈《※1きぞう》したと 聞《き》いていたけど
骨《ほね》の特《とく》ちょうを 現代《げんだい》の生《い》き物《もの》と ひとつひとつくらべて いくんだから 古生物学《※2こせいぶつがく》の 先生《せんせい》たちも困《こま》ったはずさ

※1 品物《しなもの》をおくりあたえること ※2 化石《かせき》などから、過去《かこ》の生物《せいぶつ》を研究《けんきゅう》する学問《がくもん》

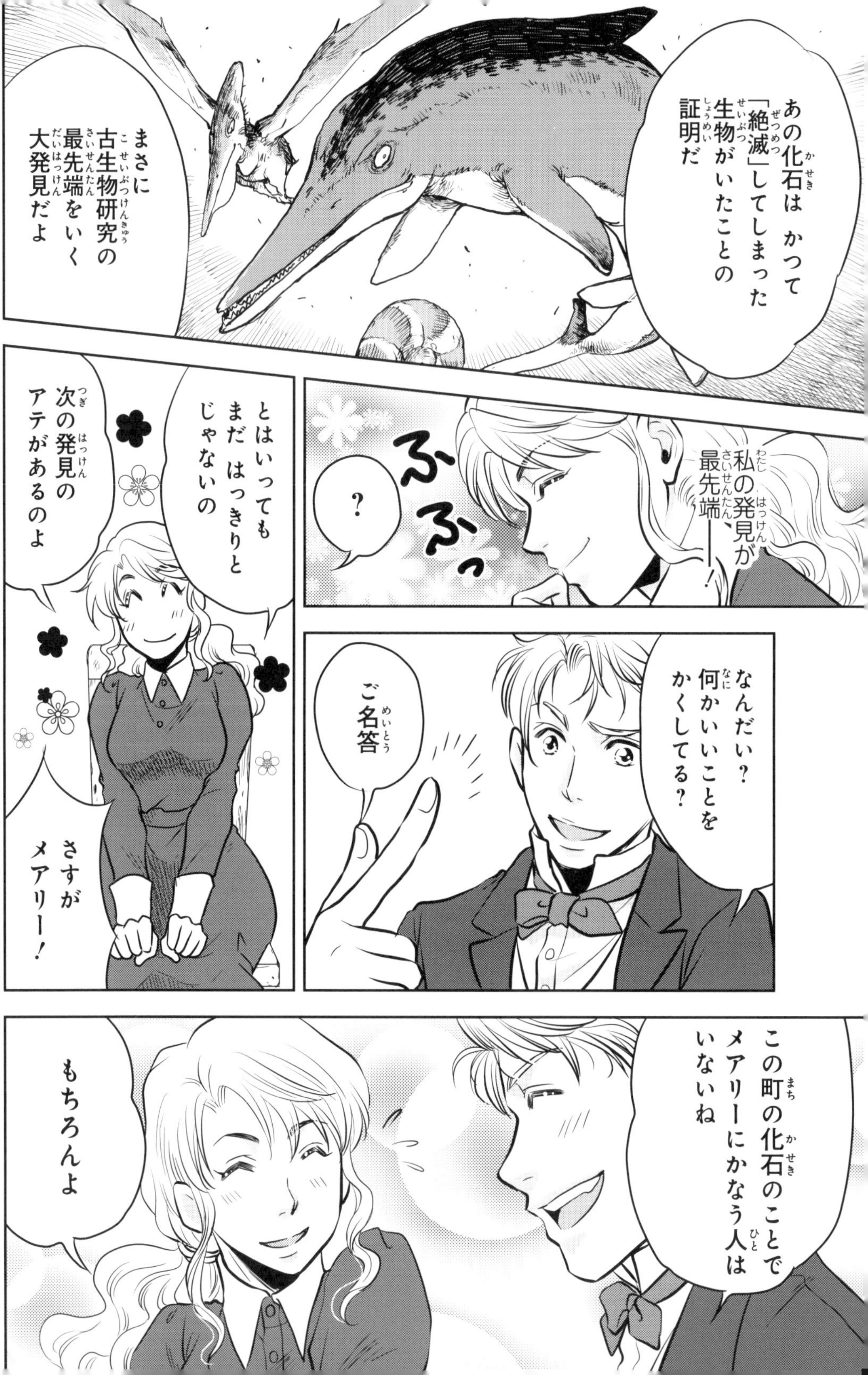
あの化石《かせき》は かつて「絶滅《ぜつめつ》」してしまった生物《せいぶつ》がいたことの証明《しょうめい》だ
まさに古生物研究《こせいぶつけんきゅう》の最先端《さいせんたん》をいく大発見《だいはっけん》だよ
私《わたし》の発見《はっけん》が最先端《さいせんたん》――！
ふふっ
？
なんだい？何《なに》かいいことをかくしてる？
ご名答《めいとう》
とはいってもまだ はっきりとじゃないの
次《つぎ》の発見《はっけん》のアテがあるのよ
さすがメアリー！
この町《まち》の化石《かせき》のことでメアリーにかなう人《ひと》はいないね
もちろんよ

その言葉通《ことばどお》り 翌年《よくとし》メアリーは ふたつ目《め》の イクチオサウルスを発見《はっけん》します
全身《ぜんしん》の骨《ほね》が ほぼ完全《かんぜん》に そろった この化石《かせき》は 地質学者《ちしつがくしゃ》や古生物学者《こせいぶつがくしゃ》を 驚《おどろ》かせました
この発見《はっけん》のニュースが 流《なが》れてすぐ ある人物《じんぶつ》が メアリーを訪《たず》ねます
こんにちは みなさん おひさしぶり
バーチ中佐《ちゅうさ》！
退役軍人《たいえきぐんじん》 トーマス・ジェームズ・バーチ
イクチオサウルスを 買《か》いとって くださる？
熱心《ねっしん》な化石収集家《かせきしゅうしゅうか》だった バーチは 以前《いぜん》から ライム・リージスを訪《おとず》れ メアリーやビーチとも 知《し》りあっていました

幸《さいわ》い 軍《ぐん》からは じゅうぶんな年金《ねんきん》を もらっているからね
地質学《ちしつがく》の発展《はってん》のためにも 貴重《きちょう》な化石《かせき》は どんどん 買《か》うよ
ありがとうございます これでまた 発掘《はっくつ》に 人《ひと》をやとえます
そういえば ビーチくんは結婚《けっこん》して 1年間《ねんかん》の新婚旅行《しんこんりょこう》 だって？
……ええ よかった こと……
この年《とし》 ビーチは 町《まち》の外《そと》の女性《じょせい》と結婚《けっこん》 していたのでした
ビーチ…… お相手《あいて》は船《ふね》の船長《せんちょう》の 娘《むすめ》さんだったわね
ビーチも フィルポット家《け》の お嬢《じょう》さんたちも よくしてくれるから 忘《わす》れそうになるけど

身分《みぶん》のちがい 階級《かいきゅう》のちがいか……
そういえば 兄《にい》さん お給金《きゅうきん》は あがらないの？
キッ
むずかしいね
バーチ中佐《ちゅうさ》が化石《かせき》を 買《か》ってくれても まだ借金《しゃっきん》もある 生活《せいかつ》は苦《くる》しいままね
足《た》りない分《ぶん》は 家具《かぐ》を 売《う》りましょう
母《かあ》さん
せめて 食事《しょくじ》は ちゃんと食《た》べなきゃ 化石《かせき》をさがすためにも
一八一九年《ねん》 バーチが ふたたび アニング家《け》を訪《おとず》れると
おや？
これはまた ずいぶんと 風通《かぜとお》しが よくなったね
はずかしい話《はなし》ですが 家具《かぐ》を処分《しょぶん》しまして
ふむ
そういうことなら ひとつ提案《ていあん》が あるのだが

競売《きょうばい》!?
ここで買《か》った化石《かせき》を出品《しゅっぴん》する競売《きょうばい》をひらいてその売《う》り上《あ》げをきみたちに寄付《きふ》したい
まって！化石《かせき》の代金《だいきん》はすでにいただいているのにうけとれないわ！
いいや 考《かんが》えてもみたまえ 化石《かせき》は ただの珍《めずら》しいかざりではない
古代《こだい》の生物《せいぶつ》について知《し》るための 貴重《きちょう》な手《て》がかりだ
その科学的価値《かがくてきかち》に見《み》あうだけの正当《せいとう》な報酬《ほうしゅう》を きみたちに支払《しはら》うのは 富《とみ》をもつ者《もの》の義務《ぎむ》というものさ
承諾《しょうだく》してくれるかい？
科学的価値《かがくてきかち》――
正当《せいとう》な報酬《ほうしゅう》――
もっ……もちろんです!!

こうして一八二〇年《ねん》
ロンドンの博物館《はくぶつかん》で
化石《かせき》の競売会《きょうばいかい》がひらかれ
発掘者《はっくつしゃ》メアリーの名《な》は
ヨーロッパ中《じゅう》に
知《し》れわたりました
つあっ
競売会《きょうばいかい》は大成功《だいせいこう》をおさめ
メアリーたちは
見《み》たこともないような
大金《たいきん》をうけとったのです

ようやく貧《まず》しさから抜《ぬ》けだせるかとおもったメアリーでしたが――
メアリー！
ビーチ!? あなた新婚旅行《しんこんりょこう》からもどったばかりなのに お店《みせ》にきてだいじょうぶなの？
旅行《りょこう》からもどったら地質学会《ちしつがっかい》は きみの話題《わだい》でもちきりさ
こちらのコニベア氏《し》にきみのお店《みせ》を案内《あんない》するよう たのまれてね
地質学会員《ちしつがっかいいん》
ウィリアム・コニベア
で 近況《きんきょう》はどうだい？

近況《きんきょう》……ね
順調《じゅんちょう》ではないわね
競売会《きょうばいかい》のお金《かね》は　もう
なくなってしまった
大《おお》きな商売《しょうばい》を
しようとすれば
その分《ぶん》お金《かね》もかかる
発掘《はっくつ》のために
人《ひと》をやとったり
売《う》れた化石《かせき》を入《い》れるための
箱《はこ》をつくって船《ふね》で送《おく》ったり
たくさんの人《ひと》が
かかわれば　その分《ぶん》
のこるお金《かね》はへっていくわ

買《か》い手《て》を紹介《しょうかい》するから
といって お金《かね》を
だましとろうと
する人《ひと》までいる！
私《わたし》たちが貧乏《びんぼう》だから！
上流階級《じょうりゅうかいきゅう》じゃ
ないからって！
バカにしてるんだ!!
メアリー！
ごめんなさい
お客《きゃく》さまの前《まえ》で
気《き》にしないで
きみの仕事《しごと》の立派《りっぱ》さは
ぼくがよくわかってるよ
もちろん私《わたし》も
存《ぞん》じあげています
ありがとう
感謝《かんしゃ》します

ビーチくん この化石《かせき》を 見《み》てくれ
これは——!
?
イクチオサウルスとは ちがいますね
うむ かといって ワニでもない その中間《ちゅうかん》のような——
この時代《じだい》 多《おお》くの人《ひと》は「化石《かせき》は聖書《せいしょ》にある大洪水《だいこうずい》で死《し》にたえた生物《せいぶつ》の骨《ほね》で その後《ご》 神《かみ》の手《て》によりいまいる新《あたら》しい生物《せいぶつ》がつくられた」と信《しん》じていました

しかし ビーチたちのような一部《いちぶ》の学者《がくしゃ》は「生物《せいぶつ》は長《なが》い時間《じかん》をかけて すこしずつすがたをかえていく」と考《かんが》え
見《み》たことのない生物《せいぶつ》の化石《かせき》は いまいる生物《せいぶつ》がすがたをかえる前《まえ》の物《もの》だと考《かんが》えたのです
証拠《しょうこ》になる化石《かせき》がほしいですねコニベアさん
そうだねえビーチくん
じっ
じ〜・
わかったわよまかせて
お金《かね》も大事《だいじ》だけど私《わたし》の仕事《しごと》を必要《ひつよう》としてくれる人《ひと》がいるのね――
一八二三年《ねん》 メアリーは世界《せかい》ではじめての首長竜《くびながりゅう》プレシオサウルスの完全《かんぜん》な骨格化石《こっかくかせき》を発見《はっけん》し――
ビーチたちの「イクチオサウルスとワニの中間《ちゅうかん》の生物《せいぶつ》がいるはずだ」という予想《よそう》を証明《しょうめい》してみせたのです

首長竜《くびながりゅう》の発見《はっけん》で さらに有名《ゆうめい》になったころ メアリーは ある地質学者《ちしつがくしゃ》の 夫妻《ふさい》と知《し》りあいます
シャーロット・マーチソン
はじめまして メアリーさん
ロデリック・マーチソン
おかまいできず すみません 海岸《かいがん》の 観察《かんさつ》は日課《にっか》なので
有名《ゆうめい》なアニング嬢《じょう》の 仕事《しごと》にたちあえる なんて光栄《こうえい》だよ
ところで こちらの子《こ》は？
トレイといって 最近《さいきん》かいはじめた 私《わたし》の相棒《あいぼう》です
わふ
かわいいこと でも 相棒《あいぼう》って？
ここ数日《すうじつ》の高波《たかなみ》で 地層《ちそう》が もろくなっていますから トレイの活躍《かつやく》を お目《め》に かけられるとおもいますよ

トレイ！
あそこ
たしっ
ワン
ダッ
なんと きみはいま
あんな遠《とお》くに化石《かせき》が
顔《かお》を出《だ》しているのを
見《み》つけたのかい？
毎日《まいにち》
見《み》まわっている
海岸《かいがん》ですもの
トレイ
ワンッ
ひさしぶりの
大物《おおもの》よ 人《ひと》を呼《よ》びに
いってくるから
どうすればいい？
ニッ
！！

郵 便 は が き

切手を
貼って
ください

〒102-8519

東京都千代田区麹町4-2-6
(株)ポプラ社 児童書編集係 行

本《ほん》を読《よ》んだ方《かた》	お名《な》前《まえ》	フリガナ				
		姓《せい》		名《めい》		
	お誕生日《たんじょうび》	西暦《せいれき》 年《ねん》	月《がつ》	日《にち》	性別《せいべつ》	
おうちの方《かた》	お名《な》前《まえ》	フリガナ				
		姓《せい》		名《めい》		
	読《よ》んだ方《かた》とのご関係《かんけい》				年齢《ねんれい》	歳《さい》
	ご住《じゅう》所《しょ》	〒 -				
	E-mail	@				

上記《じょうき》の住所《じゅうしょ》・メールアドレスにポプラ社《しゃ》からの案内《あんない》の送付《そうふ》は必要《ひつよう》ありません □

※ご記入いただいた個人情報は、刊行物・イベントなどのご案内のほか、お客さまサービスの向上やマーケティングのために個人を特定しない統計情報の形で利用させていただきます。
※ポプラ社の個人情報の取扱いについては、ポプラ社ホームページ(www.poplar.co.jp)内プライバシーポリシーをご確認ください。

買った本のタイトル

質問1 **この本を選んだ理由を教えてください**(複数回答可)

□タイトルが気に入ったから　□イラストが気に入ったから
□作家さんが好きだから　□いつも読んでいるシリーズだから
□他の人にすすめられたから　□図書館で読んだから
□その他(　)

質問2 **この本を選んだのはだれですか?**

□読んだ方　□買った方　□その他(　)

質問3 **この本を買ったのはどこですか?**

□書店　□ネット書店　□その他(　)

質問4 **どんな人物の伝記コミックを読んでみたいですか?**

(　)

質問5 **好きな歴史上の人物はだれですか?**

(　)

● **感想やイラストを自由に書いてね!**

ご協力ありがとうございました。

くるん
ストン
まあ 化石《かせき》をかくしているのねなんてかしこい！
なるほど これは立派《りっぱ》な相棒《あいぼう》ですな
たいへんすてきな時間《じかん》でしたわメアリーさん
次《つぎ》は ゆっくりお店《みせ》の方《ほう》にもよらせてもらうよ
よい化石《かせき》をそろえておまちしています
こののちマーチソン夫妻《ふさい》はメアリーのよい顧客《こきゃく》になっていくのでした

一八二六年《ねん》――
……メアリー
何《なに》かしら
いうべきか迷《まよ》っていたんだけど……
ひっこしを考《かんが》えてみてはどうだい？
アニング家《け》は海岸《かいがん》ぞいにあり嵐《あらし》の日《ひ》には高波《たかなみ》で家中《いえじゅう》が水《みず》びたしになってしまうこともありました
ジャーッ
町《まち》の高台《たかだい》の方《ほう》にお店《みせ》をひらけそうなよい貸家《かしゃ》がある
ぼくが家主《やぬし》に話《はなし》をしてみよう
そうよね……家《いえ》の前《まえ》に販売台《はんばいだい》をおくようなやり方《かた》はもう限界《げんかい》かもしれない

ひっこし完了《かんりょう》！
また借金《しゃっきん》がふえてしまったけどね
はい
町《まち》の新聞《しんぶん》にひっこしのことをのせてもらうわ
すこしは宣伝《せんでん》になるかもしれない
店番《みせばん》は母《かあ》さんに
商品《しょうひん》を箱《はこ》づめして送《おく》るのは兄《にい》さんにまかせるわ
私《わたし》は　もっとたくさんもっと大《おお》きな注文《ちゅうもん》をとってくる！

このころ イギリス経済《けいざい》は
不景気《ふけいき》に苦《くる》しめられていて
高価《こうか》な化石《かせき》を買《か》おうとする
人《ひと》はへってきていました
また 国内《こくない》の主《おも》だった博物館《はくぶつかん》に
化石《かせき》がいきわたってしまい
メアリーは 新《あたら》しい買《か》い手《て》を
さがす必要《ひつよう》があったのです
小《ちい》さな貝《かい》の化石《かせき》は組《く》みあわせてアクセサリーに使《つか》える
地質学者《ちしつがくしゃ》の先生《せんせい》たちとのつながりももっと強《つよ》くしたいわ
メアリー おひっこし おつかれさま
フィルポット家《け》のみなさま！ きてくれたんですか
！
そうだわ じつは ひとつ お願《ねが》いがあるの

フィルポット家《け》
おまねき ありがとう
いらっしゃいませ 奥《おく》さま方《がた》
メアリーさん こんにちは
お茶会《ちゃかい》に参加《さんか》していただいてありがとうございます
地質学《ちしつがく》をきっかけにお近《ちか》づきになれたみなさまに まだどこにもご案内《あんない》していない 最新《さいしん》の化石《かせき》をご紹介《しょうかい》したくて
教養《きょうよう》あふれるみなさまと学問《がくもん》のお話《はなし》もできますしみなさまの旦那《だんな》さまのお役《やく》にたつ化石《かせき》を ご用意《ようい》できるかもしれません
メアリーさんの化石《かせき》のお話《はなし》をうかがえるのは楽《たの》しみだわ
地質学者《ちしつがくしゃ》バックランドの妻《つま》 メアリー
よいものが手《て》に入《はい》れば夫《おっと》もよろこびますし
地質学者《ちしつがくしゃ》マーチソンの妻《つま》 シャーロット
女性《じょせい》だけで学問《がくもん》のお話《はなし》なんて新鮮《しんせん》ね
フィルポット家三女《けさんじょ》 エリザベス

これからも 定期的《ていきてき》に
お茶会《ちゃかい》をひらきましょう
いいわね ほかの
奥《おく》さまにも
声《こえ》をかけようかしら
メアリーは 当時《とうじ》 学問《がくもん》の表舞台《おもてぶたい》にたつことのなかった研究者《けんきゅうしゃ》の妻《つま》たちとの交流《こうりゅう》を通《つう》じて 実際《じっさい》の買《か》い手《て》となる研究者《けんきゅうしゃ》との関係《かんけい》を広《ひろ》げていきます
私《わたし》から直接《ちょくせつ》 売《う》りこみを
かけると うるさがる
学者《がくしゃ》の先生《せんせい》でも
奥《おく》さま方《がた》からすすめて
もらえば いい返事《へんじ》が
もらえそう……
それに実際《じっさい》 奥《おく》さま方《がた》が
おもちの知識《ちしき》や情報《じょうほう》は
すばらしく興味深《きょうみぶか》いわ
こうして 女性《じょせい》どうしのネットワークを築《きず》く一方《いっぽう》で メアリーは 化石《かせき》を高《たか》く売《う》るためのかけひきにもたけていました

※1　のちに「ディモルフォドン」と命名《めいめい》しなおされた
※2　イギリスの首都《しゅと》ロンドンにある博物館《はくぶつかん》

しかたない
おれが買《か》う!!
外国《がいこく》にこの貴重《きちょう》な宝《たから》は渡《わた》せん!!
のちに バックランドはこの化石《かせき》を大英博物館《だいえいはくぶつかん》に買《か》いとらせています
さらに一八二九年《ねん》
ふたつ目《め》のプレシオサウルスの骨格化石《こっかくかせき》に買《か》い手《て》がつかなかったときにも
イギリスがだめならアメリカに売《う》ればいいのよ
と ほのめかし
いいかげんにしろ
ガーーッ
貴重《きちょう》な化石《かせき》が国外《こくがい》に流出《りゅうしゅつ》してもいいっていうのか!
結局《けっきょく》 大英博物館《だいえいはくぶつかん》はプレシオサウルスの化石《かせき》も高額《こうがく》で買《か》いとることになりました
ビイッ

第《だい》5章《しょう》 化石婦人《かせきふじん》

一八二九年《ねん》七月《がつ》
たてつづけに大発見《だいはっけん》をした
メアリーは マーチソン
夫妻《ふさい》から招待《しょうたい》をうけ
地質学会《ちしつがっかい》や
大英博物館《だいえいはくぶつかん》のある
首都《しゅと》ロンドンを訪《おとず》れます
いらっしゃい メアリー
マーチソン夫人《ふじん》！
今日《きょう》は 私《わたし》の 家《いえ》に泊《と》まって ちょうだい
明日《あす》はロンドンを 案内《あんない》するわ あなたに 一度《いちど》あいたいという 人《ひと》が たくさんいるのよ
はい！ とっても 楽《たの》しみです

翌日《よくじつ》 メアリーは
大英博物館《だいえいはくぶつかん》を訪《おとず》れ その後《ご》
ロンドン地質学会《ちしつがっかい》に
案内《あんない》されます

メアリーを一目見《ひとめみ》ようと 多《おお》くの学会員《がっかいいん》が あいさつに やってきていました
あれが うわさの「化石婦人《かせきふじん》」か
なんだい そりゃ?
知《し》らないのかい アニング嬢《じょう》の あだ名《な》だよ
ザワ ザワ ザワ
――あれは 展示物《てんじぶつ》をスケッチ しているのか?
あれが彼女《かのじょ》の すごいところだよ ただの化石掘《かせきほ》りの娘《むすめ》 じゃないってことさ
メアリーは はじめて見《み》る 生物《せいぶつ》の標本《ひょうほん》や化石《かせき》に好奇心《こうきしん》を 刺激《しげき》され 熱心《ねっしん》にメモや スケッチをのこしています

ロンドン訪問《ほうもん》の翌年《よくとし》 メアリーは また化石《かせき》の 販売《はんばい》に力《ちから》を入《い》れる日常《にちじょう》に もどっていましたがー
ムーッ
ごきげんナナメね メアリー
そうなのよ エリザベスさん
この前《まえ》 私《わたし》が発見《はっけん》した どこか奇妙《きみょう》な 魚《さかな》のような 化石《かせき》なのだけど
脊椎《せきつい》の骨《ほね》を見《み》れば いまいる どの魚《さかな》とも ちがうのは あきらかだわ
私《わたし》は エイとサメの中間《ちゅうかん》の 生物《せいぶつ》である可能性《かのうせい》が 高《たか》いとおもうのだけれど

※イギリス西部《せいぶ》の町《まち》ブリストルにあった、科学《かがく》と芸術《げいじゅつ》のための研究施設《けんきゅうしせつ》

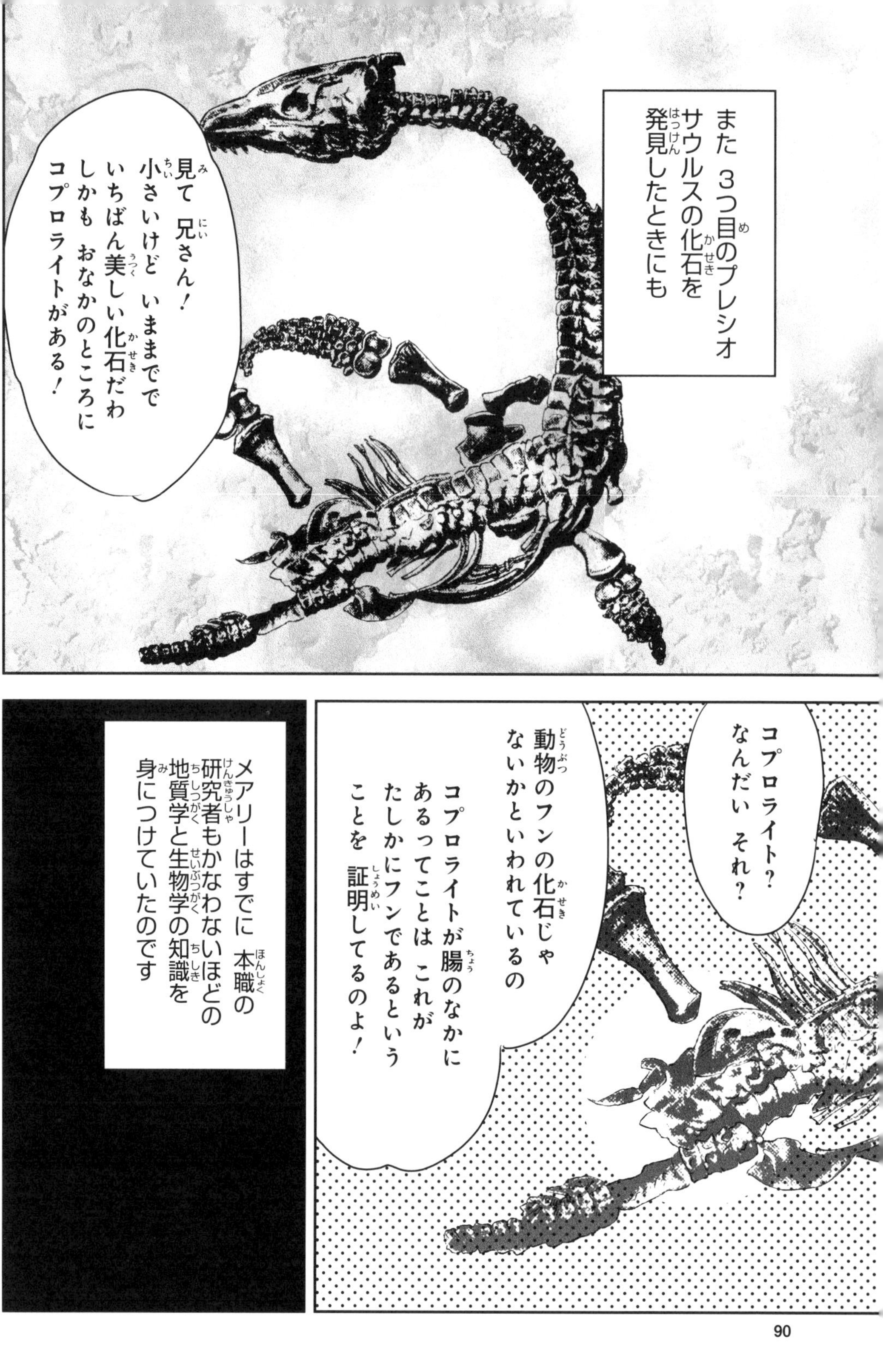
また 3つ目《め》のプレシオサウルスの化石《かせき》を発見《はっけん》したときにも
見《み》て 兄《にい》さん! 小《ちい》さいけど いままでで いちばん美《うつく》しい化石《かせき》だわ しかも おなかのところに コプロライトがある!
コプロライト? なんだい それ?
動物《どうぶつ》のフンの化石《かせき》じゃないかといわれているの コプロライトが腸《ちょう》のなかにあるってことは これがたしかにフンであるということを 証明《しょうめい》してるのよ!
メアリーはすでに 本職《ほんしょく》の研究者《けんきゅうしゃ》もかなわないほどの地質学《ちしつがく》と生物学《せいぶつがく》の知識《ちしき》を身《み》につけていたのです

一八三一年《ねん》メアリーに新《あたら》しい友人《ゆうじん》ができます
メアリーさん！
ピニーさん！いらしていたのね
アンナ・マリア・ピニー
また お話《はなし》を聞《き》かせてほしくて
そう？
上流階級《じょうりゅうかいきゅう》の娘《むすめ》さんがこんなことをしていていいのかしら
いいのよ
あなたとお話《はなし》するのは楽《たの》しいわ
ピニーは ライム・リージスに滞在《たいざい》していた上流階級《じょうりゅうかいきゅう》の一家《いっか》の令嬢《れいじょう》でした

生涯《しょうがい》にわたって社会《しゃかい》の
階級差《かいきゅうさ》を意識《いしき》させられ
つづけたメアリーでしたが
ピニーとは　身分《みぶん》や
年齢《ねんれい》の差《さ》をこえて
友情《ゆうじょう》をはぐくむことが
できたのです
――というわけで
彼《かれ》らが名前《なまえ》をつけた
化石《かせき》のほとんどは
私《わたし》が集《あつ》めたものなの
それなのに私《わたし》は
学会《がっかい》の平会員《ひらかいいん》にすら
推薦《すいせん》されないなんてね！
そういうことなら
学会員《がっかいいん》なんて
こっちからお断《ことわ》りよ！
まったくバカな人《ひと》たち
ぷっ
あなたの発見《はっけん》した
化石《かせき》の絵《え》をかかれた
ビーチさんも　バカ？
!!

ビーチは メアリーの
発掘《はっくつ》した化石《かせき》から
それらがどのように
暮《く》らしていたかを推測《すいそく》し
想像図《そうぞうず》を描《えが》いていました
この絵《え》は古生物《こせいぶつ》について
知《し》ることができる 人気《にんき》の
教材《きょうざい》となり ビーチは
その売《う》り上《あ》げでメアリーに
援助《えんじょ》をしたのです
まあ なかには
立派《りっぱ》な人《ひと》も
いるけどね
メアリーさんは
好《す》きな人《ひと》は
いないの？
好《す》きな人《ひと》……ね
もし うまれた国《くに》や
時代《じだい》がちがったなら
私《わたし》たちも――

さあ どうかしら
私《わたし》にも好《す》きな人《ひと》くらいいたかもね
かもってなにーっ
さ。帰《かえ》りましょー
その後《ご》ピニーはライム・リージスをはなれましたがふたりは文通《ぶんつう》を続《つづ》け
一八三三年《ねん》ピニーがまたライム・リージスを訪《おとず》れると――
メアリーさん？
どうしたの!? 何《なに》かあったの？

あ……
ごめんなさい
すこし前《まえ》に
ここで崖崩《がけくず》れが
あって
トレイが
私《わたし》の相棒《あいぼう》が
落《お》ちてきた
岩《いわ》にあたって……

私《わたし》の すぐ
足元《あしもと》で……!
ぎゅっ
あなたまで 泣《な》かないで
この年《とし》 メアリーは 化石集《かせきあつ》めの最中《さいちゅう》の 事故《じこ》で 愛犬《あいけん》トレイを うしなってしまいます
だっこ〜
さらに 一八四二年《ねん》には 母《はは》モリーが亡《な》くなります
兄《あに》のジョゼフは すでに 結婚《けっこん》して家《いえ》を出《で》ていたため メアリーは ひとりで化石店《かせきてん》を きりもりするようになりました

※現在《げんざい》のドイツ、ザクセン州《しゅう》にあった王国《おうこく》
一八四四年《ねん》 ライム・リージスを ※ザクセン王国《おうこく》の国王《こくおう》が 訪《おとず》れることになり 町《まち》は わきたっていました
ここが かのライム・リージスか!
ザクセン王国《おうこく》 国王《こくおう》 フリードリヒ・アウグスト
学問《がくもん》の振興《しんこう》に熱心《ねっしん》だった フリードリヒは 自国《じこく》の博物館《はくぶつかん》のために みずからも化石《かせき》を 買《か》いもとめていたのです
メ メアリー! お見《み》えに なったぞ!
バタバタ
ようこそ アニング化石店《かせきてん》へ おこしいただき 光栄《こうえい》ですわ

おお……このイクチオサウルスはすばらしい！
フリードリヒは この時《とき》イクチオサウルスをはじめとしたいくつかの化石《かせき》を購入《こうにゅう》します
ではこの販売証明《はんばいしょうめい》にサインを……
きみは たいへん有名《ゆうめい》な化石掘《かせきほ》りだそうだね
そうですねヨーロッパではよく知《し》られているかと存《ぞん》じます 陛下《へいか》
メアリー！つつしむんだ失礼《しつれい》だろ

ありがとう たいへん よい物《もの》が 手《て》に入《はい》ったよ
まったく ひやひやしたよ
あら 本当《ほんとう》のことを いっただけよ
さあ 仕事《しごと》仕事《しごと》!
この時《とき》の販売《はんばい》が 記録《きろく》にのこる アニング化石店《かせきてん》の 最後《さいご》の取《と》り引《ひ》きになります

ほどなくして
メアリーは　自分《じぶん》の体《からだ》の
異変《いへん》に気《き》づきます
乳《にゅう》がんでした
ハァ
ハァ
病《やまい》は急速《きゅうそく》に悪化《あっか》し　やがて
たちあがる体力《たいりょく》も
うしなわれていきました

一八四六年《ねん》
地質学会《ちしつがっかい》は　メアリーを
名誉会員《めいよかいいん》とし　特別年金《とくべつねんきん》を
支給《しきゅう》することを決《き》めますが
外《そと》は嵐《あらし》ね……
ガタ
ガタ
ガタ
ああ
音《おと》が気《き》に
なるか？
ふふ……
ザアアアア
兄《にい》さん……
ようやく公式《こうしき》に業績《ぎょうせき》が
認《みと》められたことを
よろこぶ時間《じかん》は
のこされていませんでした
ビュオオオ
明日《あす》は……
すてきな化石《かせき》が
見《み》つかるかも
……ね
一八四七年《ねん》三月九日《がつここのか》
化石《かせき》の発掘《はっくつ》に生涯《しょうがい》をささげた
メアリー・アニングは
この世《よ》を去《さ》ります——

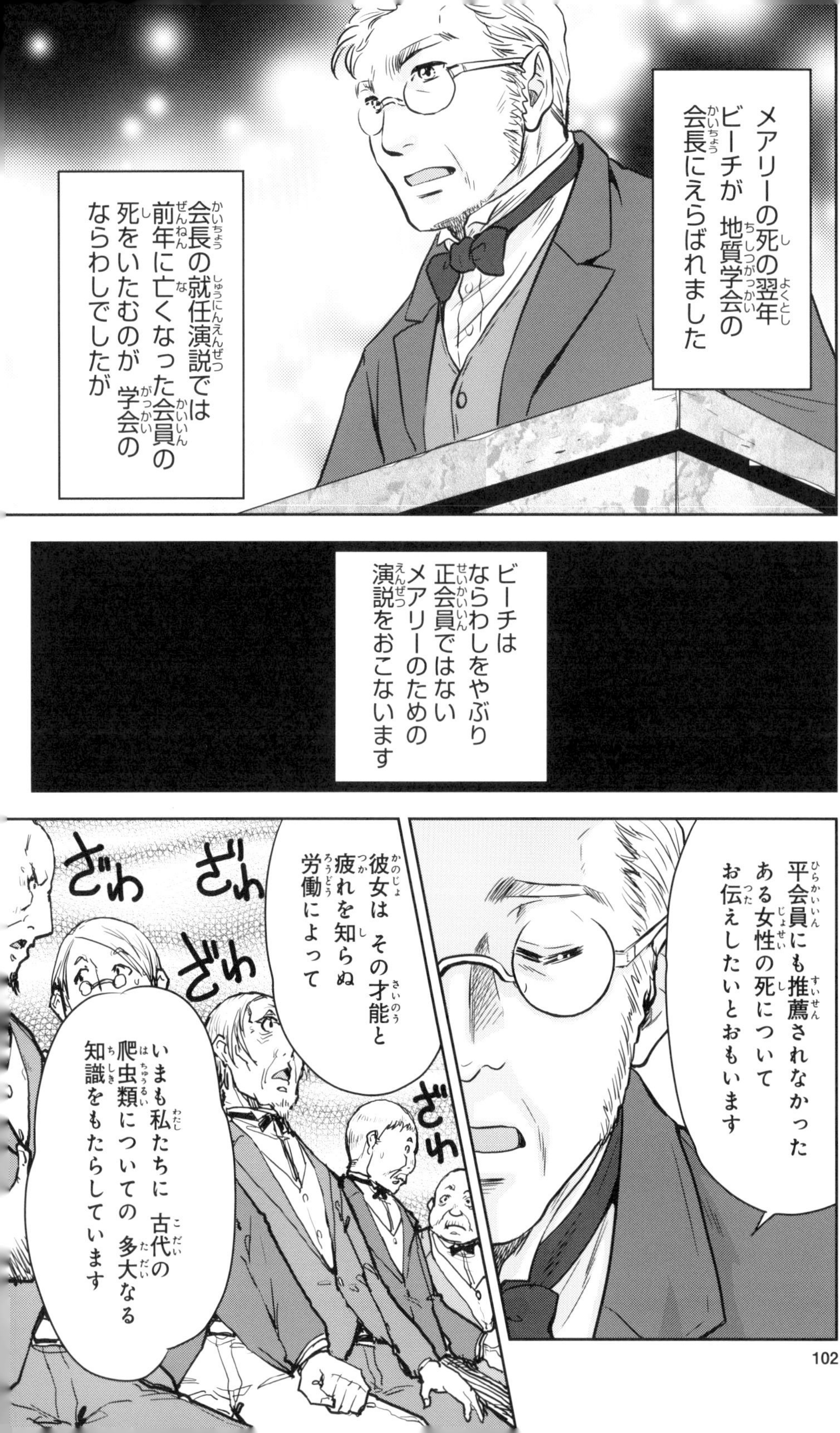
メアリーの死《し》の翌年《よくとし》
ビーチが 地質学会《ちしつがっかい》の
会長《かいちょう》にえらばれました
会長《かいちょう》の就任演説《しゅうにんえんぜつ》では
前年《ぜんねん》に亡《な》くなった会員《かいいん》の
死《し》をいたむのが 学会《がっかい》の
ならわしでしたが
ビーチは
ならわしをやぶり
正会員《せいかいいん》ではない
メアリーのための
演説《えんぜつ》をおこないます
平会員《ひらかいいん》にも推薦《すいせん》されなかった
ある女性《じょせい》の死《し》について
お伝《つた》えしたいとおもいます
ざわ ざわ
ざわ
ざわ
彼女《かのじょ》は その才能《さいのう》と
疲《つか》れを知《し》らぬ
労働《ろうどう》によって
いまも私《わたし》たちに 古代《こだい》の
爬虫類《はちゅうるい》についての 多大《ただい》なる
知識《ちしき》をもたらしています

しかし その業績《ぎょうせき》に対《たい》して
ふさわしい名誉《めいよ》は ついに
あたえられませんでした
自然《しぜん》や貧困《ひんこん》と
無理解《むりかい》や階級《かいきゅう》と
メアリー……！
彼女《かのじょ》は
不屈《ふくつ》の精神《せいしん》で
戦《たたか》ってきました
ここにいるみなさんは
彼女《かのじょ》が学会《がっかい》に いや世界《せかい》に
どれほどの貢献《こうけん》を
したかを ご存《ぞん》じのはずです
いまこそ 彼女《かのじょ》に
正当《せいとう》な評価《ひょうか》があたえられる
時《とき》ではないでしょうか！

ビーチの演説《えんぜつ》の二年後《ねんご》
地質学会《ちしつがっかい》からの寄付金《きふきん》で
ライム・リージスの教会《きょうかい》に
新《あたら》しいステンドグラスが
おくられました
「地質学《ちしつがく》の進歩《しんぽ》をうながした
彼女《かのじょ》のすぐれた献身《けんしん》と
心《こころ》のあたたかさ　そして
高潔《こうけつ》な生涯《しょうがい》をしのんで」
という言葉《ことば》とともに
メアリー・アニングの生《い》きた証《あかし》は
いまもライム・リージスの町《まち》に
そして世界中《せかいじゅう》の博物館《はくぶつかん》で
人《ひと》びとをむかえる化石《かせき》のなかに
いきづいているのです

Mary Anning

ためになる学習《がくしゅう》資料室《しりょうしつ》

- もっとよくわかるメアリー・アニング
- メアリー・アニングの生《い》きた時代《じだい》
- 参考文献《さんこうぶんけん》

もっとよくわかる メアリー・アニング

基礎知識《きそちしき》 解説《かいせつ》

19世紀《せいき》はじめのイギリス

メアリー・アニングが活躍《かつやく》したのは、世《よ》の中《なか》の技術《ぎじゅつ》が急速《きゅうそく》に進歩《しんぽ》し、社会《しゃかい》の形《かたち》が劇的《げきてき》にかわろうとする時代《じだい》でした。

産業革命《さんぎょうかくめい》の時代《じだい》

18世紀《せいき》なかばから19世紀《せいき》はじめにかけてのイギリスでは、機械技術《きかいぎじゅつ》が発達《はったつ》し、社会《しゃかい》に変革《へんかく》がおこりました。この変革《へんかく》を産業革命《さんぎょうかくめい》といいます。綿製品《めんせいひん》などをつくる機械《きかい》の改良《かいりょう》と、水蒸気《すいじょうき》の力《ちから》を利用《りよう》してそれらを動《うご》かす蒸気機関《じょうききかん》が発明《はつめい》され、少《すく》ない人手《ひとで》で短時間《たんじかん》に大量《たいりょう》の品物《しなもの》をつくることができるようになりました。

産業革命《さんぎょうかくめい》によって、平民《へいみん》のなかにも工場《こうじょう》を経営《けいえい》してお金持《かねも》ちになる人《ひと》と、機械《きかい》に仕事《しごと》をうばわれて貧《まず》しくなる人《ひと》との格差《かくさ》がうまれます。新《あたら》しくお金持《かねも》ちに

ロコモーション1号《ごう》

産業革命《さんぎょうかくめい》をささえた蒸気機関《じょうききかん》は、工場《こうじょう》の機械《きかい》だけではなく、乗《の》り物《もの》の動力《どうりょく》としても使《つか》われるようになっていきました。1825年《ねん》に世界《せかい》ではじめて乗客《じょうきゃく》を乗《の》せて走《はし》った蒸気機関車《じょうききかんしゃ》がロコモーション1号《ごう》です。蒸気機関車《じょうききかんしゃ》が開発《かいはつ》されたことで、人《ひと》びとは、よりはやく遠《とお》くまで移動《いどう》できるようになっていきますが、メアリーの時代《じだい》には、まだ誰《だれ》もが利用《りよう》するまでには普及《ふきゅう》していませんでした。そのため、1829年《ねん》にメアリーがロンドンへ旅行《りょこう》したときには長距離馬車《ちょうきょりばしゃ》を利用《りよう》していました。

なった人《ひと》たちは、教養《きょうよう》を身《み》につけ、上流階級《じょうりゅうかいきゅう》にならぶ身分《みぶん》になったことをまわりの人《ひと》びとにしめそうとしました。そうした人《ひと》たちにとって、化石《かせき》の収集《しゅうしゅう》と展《てん》示《じ》は、自分《じぶん》たちの教養《きょうよう》の高《たか》さをしめすのにちょうどよい趣味《しゅみ》だったのです。

フランスとの戦争《せんそう》の影響《えいきょう》

1789年《ねん》、イギリスと海峡《かいきょう》をはさんだ隣《となり》の国《くに》フランスで、「フランス革命《かくめい》」がおこりました。貧《まず》しい市民《しみん》が国王《こくおう》や貴族《きぞく》を倒《たお》したのです。この混乱《こんらん》をおさめた軍人《ぐんじん》ナポレオンは皇帝《こうてい》となると、まわりの国《くに》ぐにと戦争《せんそう》をはじめます。

このころ、イギリスの上流階級《じょうりゅうかいきゅう》では、ヨーロッパ大陸《たいりく》へ旅行《りょこう》し美術品《びじゅつひん》を集《あつ》めるのがはやっていましたが、戦争《せんそう》の影響《えいきょう》で外国旅行《がいこくりょこう》がしにくくなります。すると、「海水《かいすい》につかると健康《けんこう》になる」と信《しん》じられていたこともあり、イギリス国内《こくない》の海辺《うみべ》の町《まち》が人気《にんき》を集《あつ》め、海辺《うみべ》での化石収《かせきしゅう》集《しゅう》が流行《りゅうこう》しました。

『ベルナール峠《とうげ》からアルプスを越《こ》えるボナパルト』ダビッド画《が》。オーストリアとの戦《たたか》いにむかうナポレオンを描《えが》いた作品《さくひん》。

ジョージ4世《せい》（1762〜1830年《ねん》）

メアリーが活躍《かつやく》した時代《じだい》のイギリスの国王《こくおう》で、即位《そくい》は1820年《ねん》でしたが、即位前《そくいまえ》の1811年《ねん》から国王《こくおう》を補佐《ほさ》する「摂政《せっしょう》」という地位《ちい》について、父《ちち》のジョージ3世《せい》にかわり政治《せいじ》をおこないました。はで好《ず》きな性格《せいかく》でぜいたくな生活《せいかつ》にあけくれて批判《ひはん》されましたが、芸術《げいじゅつ》や科学《かがく》を好《この》む一面《いちめん》もあり、海辺《うみべ》の町《まち》を愛《あい》し、化石《かせき》の収集《しゅうしゅう》にも関心《かんしん》をしめしました。

基礎知識《きそちしき》
解説《かいせつ》

メアリーのおいたち

メアリー・アニングは貧《まず》しい生活《せいかつ》を送《おく》りながらも、家族《かぞく》とよりそい、たゆまぬ努力《どりょく》で知識《ちしき》を磨《みが》き、大発見《だいはっけん》を連発《れんぱつ》しました。

独学《どくがく》で研究者《けんきゅうしゃ》に負《ま》けない知識《ちしき》を

メアリー・アニングは1799年《ねん》5月《がつ》21日《にち》、イギリス南西部《なんせいぶ》のドーセット地《ち》方《ほう》にある町《まち》ライム・リージスでうまれました。父親《ちちおや》のリチャードは家具職人《かぐしょくにん》でしたが、貧《まず》しかったため化石《かせき》を掘《ほ》って観光客《かんこうきゃく》に売《う》っていました。メアリーと兄《あに》のジョゼフも、幼《おさな》いころから化石掘《かせきほ》りを手伝《てつだ》っていました。

のちに科学者《かがくしゃ》たちをも驚《おどろ》かせる知識《ちしき》をもったメアリーでしたが、教育《きょういく》を受《う》ける機会《きかい》は多《おお》くありませんでした。彼女《かのじょ》は、町《まち》の教会《きょうかい》が貧《まず》しい人《ひと》たちのためにひらいていた学校《がっこう》に通《かよ》って、読《よ》み書《か》きを学《まな》んだようです。父親《ちちおや》が亡《な》くなってからは学校《がっこう》にも行《い》かなくなりましたが、フィルポット姉妹《しまい》や友人《ゆうじん》のデ・ラ・ビーチなどに助《たす》けられ、本《ほん》や論文《ろんぶん》の写《うつ》しを読《よ》んで独学《どくがく》で化石《かせき》の勉強《べんきょう》をしました。

多《おお》くの人《ひと》にささえられ、死後《しご》に評価《ひょうか》される

お金《かね》に困《こま》ることも多《おお》かったメアリーですが、周囲《しゅうい》の人《ひと》びとにささえられて化《か》石《せき》の発掘《はっくつ》を続《つづ》け、数《かず》かずの大発見《だいはっけん》をしました。家賃《やちん》が払《はら》えずに家具《かぐ》を売《う》るほどだった1820年《ねん》には、化石収集家《かせきしゅうしゅうか》のバーチ中佐《ちゅうさ》が、メアリーを助《たす》けるための競売《きょうばい》をひらきました。イギリス全体《ぜんたい》が不景気《ふけいき》に苦《くる》しむ中《なか》、1830年《ねん》には、デ・ラ・ビーチがメアリーの発見《はっけん》した化石《かせき》をもとに古代《こだい》の生物《せいぶつ》の想像図《そうぞうず》を描《えが》いて売《う》り、その収入《しゅうにゅう》を彼女《かのじょ》に寄付《きふ》しました。また、メアリーが病気《びょうき》で働《はたら》けなくなると、科学者《かがくしゃ》たちは、メアリーに年金《ねんきん》を支払《しはら》うよう国《くに》に働《はたら》きかけています。

メアリーの業績《ぎょうせき》は、死後《しご》150年以上《ねんいじょう》たってからようやく再《さい》評価《ひょうか》され、2010年《ねん》には、イギリスの王立協会《おうりつきょうかい》によって「科《か》学《がく》の歴史《れきし》に最《もっと》も影響《えいきょう》を与《あた》えたイギリスの女性《じょせい》10人《にん》」のひとりにえらばれました。

ウィリアム・グレイが描《えが》いたメアリーの肖像《しょうぞう》画《が》。地面《じめん》に寝《ね》そべる犬《いぬ》は彼女《かのじょ》の愛犬《あいけん》トレイです。

トーマス・ジェームズ・バーチ中佐《ちゅうさ》
(1768～1829年《ねん》)
裕福《ゆうふく》な元軍人《もとぐんじん》で、化石《かせき》の収集家《しゅうしゅうか》。アニング家《け》の発掘《はっくつ》した化石《かせき》を買《か》っていました。一家《いっか》が貧《まず》しさに苦《くる》しんでいると知《し》って、メアリーが発掘《はっくつ》した化石《かせき》を競売《きょうばい》にかけ、売《う》り上《あ》げを寄付《きふ》しました。この競売《きょうばい》をきっかけに、メアリーとその化石《かせき》は有名《ゆうめい》になり、お客《きゃく》が増《ふ》えました。

基礎知識《きそちしき》
解説《かいせつ》

見《み》えない壁《かべ》をのりこえて

19世紀《せいき》のイギリスでは、貧《まず》しいうまれの女性《じょせい》が仕事《しごと》で成功《せいこう》するためには、こえなければならない高《たか》い壁《かべ》がありました。

女性《じょせい》と労働《ろうどう》

当時《とうじ》、上流階級《じょうりゅうかいきゅう》の家庭《かてい》では、外《そと》へ仕事《しごと》に出《で》てお金《かね》をかせぐのは男性《だんせい》の役割《やくわり》で、女性《じょせい》は家庭《かてい》を守《まも》り、賃金《ちんぎん》を得《え》る仕事《しごと》をするものではないという考《かんが》え方《かた》が一《いっ》般的《ぱんてき》でした。

一方《いっぽう》、多《おお》くの労働者階級《ろうどうしゃかいきゅう》の家庭《かてい》では、女性《じょせい》も仕事《しごと》をして家計《かけい》をささえなくてはなりませんでした。ほとんどの場合《ばあい》、労働者階級《ろうどうしゃかいきゅう》の女性《じょせい》の仕事《しごと》は、メイドや料理人《りょうりにん》、工場《こうじょう》や商店《しょうてん》の下働《したばたら》きなどでした。

危険《きけん》な崖《がけ》のそばを長時間《ちょうじかん》歩《ある》き化石《かせき》を掘《ほ》りおこすという重労働《じゅうろうどう》にたずさわったメアリーは、上流階級《じょうりゅうかいきゅう》からも労働者階級《ろうどうしゃかいきゅう》からも「変《か》わり者《もの》」と思《おも》われていたのかもしれません。

化石《かせき》をもとめて働《はたら》くメアリー

したしい友人《ゆうじん》のトーマス・デ・ラ・ビーチが描《えが》いた「仕事着《しごとぎ》」のメアリー。当時《とうじ》の女性《じょせい》としてはかなり短《みじか》いチェックのスカート、厚手《あつで》の上着《うわぎ》、カバンを肩《かた》にかけ、男性用《だんせいよう》のシルクハットをかぶった姿《すがた》は、「男《おとこ》らしい装《よそお》い」、「（女性《じょせい》としては）みょうちくりん」、「（重労働《じゅうろうどう》の作業着《さぎょうぎ》としては）まったく適切《てきせつ》」などといわれることもありました。

学問《がくもん》は、身分《みぶん》の高《たか》い男性《だんせい》のもの

　メアリーは、発見《はっけん》した貴重《きちょう》な化石《かせき》を、多《おお》くの研究者《けんきゅうしゃ》や博物館《はくぶつかん》に売《う》りました。しかし、研究者《けんきゅうしゃ》たちの論文《ろんぶん》が発表《はっぴょう》されても、化石《かせき》が博物館《はくぶつかん》に展示《てんじ》されても、発《はっ》見者《けんしゃ》としてメアリーの名《な》が紹介《しょうかい》されないことも多《おお》くありました。

　メアリーの生《い》きた時代《じだい》には、学問《がくもん》の研究《けんきゅう》は男性《だんせい》がするもので、女性《じょせい》（多《おお》くの場合《ばあい》、妻《つま》や娘《むすめ》でした）は助手役《じょしゅやく》をつとめ、表舞台《おもてぶたい》にはたたないものだという考《かんが》え方《かた》があったからです。

　また、メアリーが庶民《しょみん》の労働者《ろうどうしゃ》だったことも理由《りゆう》のひとつでした。当時《とうじ》の専《せん》門的《もんてき》な研究《けんきゅう》は、働《はたら》く必要《ひつよう》がないほどの大金持《おおがねも》ちか、別《べつ》の仕事《しごと》でじゅうぶんな収《しゅう》入《にゅう》のある人《ひと》が、休暇中《きゅうかちゅう》にするものとされていました。メアリーにも自分《じぶん》で学《まな》んだ深《ふか》い知識《ちしき》はありましたが、化石《かせき》を売《う》って生活《せいかつ》しているかぎり、研究者《けんきゅうしゃ》ではなく、あくまで化石販売業者《かせきはんばいぎょうしゃ》だとみなされてしまったのです。

　女性《じょせい》で身分《みぶん》が低《ひく》かったため、学問《がくもん》の世界《せかい》で正式《せいしき》に認《みと》められることのなかったメアリーですが、やがて功績《こうせき》の大《おお》きさが広《ひろ》く知《し》られるようになり、死《し》の直前《ちょくぜん》にはロンドンの地質学会《ちしつがっかい》から名誉会員《めいよかいいん》に推薦《すいせん》されています。

学術会議《がくじゅつかいぎ》に参加《さんか》したイギリスの科学者《かがくしゃ》たち

1840年代《ねんだい》にイギリスで行《おこな》われた学術会議《がくじゅつかいぎ》に参加《さんか》した、当時《とうじ》の一流《いちりゅう》の科学《かがく》者《しゃ》たちの肖像画《しょうぞうが》。メアリーの親友《しんゆう》であったデ・ラ・ビーチがいちばん左《ひだり》に描《えが》かれています。

基礎知識《きそちしき》
解説《かいせつ》

博物学《はくぶつがく》から地質学《ちしつがく》、古生物学《こせいぶつがく》へ

メアリーの発掘《はっくつ》する化石《かせき》が人《ひと》びとにもとめられた背景《はいけい》には、イギリス中《じゅう》を夢中《むちゅう》にさせた「博物学《はくぶつがく》ブーム」がありました。

趣味《しゅみ》としての博物学《はくぶつがく》

19世紀《せいき》のイギリスでは、知識《ちしき》や教養《きょうよう》への関心《かんしん》の高《たか》まりとともに、幅広《はばひろ》い人《ひと》びとが「博物学《はくぶつがく》（自然史《しぜんし》ともいう）」に熱中《ねっちゅう》しました。これは、自然界全体《しぜんかいぜんたい》を研究《けんきゅう》する学問《がくもん》をさす言葉《ことば》です。多《おお》くの人《ひと》が野山《のやま》や海辺《うみべ》に出《で》かけ、植物《しょくぶつ》や昆虫《こんちゅう》、化石《かせき》などを採集《さいしゅう》するようになりました。さらに採集《さいしゅう》した物《もの》を標本《ひょうほん》にし、スケッチし、ケースに入《い》れて自慢《じまん》しあいました。

やがて博物学《はくぶつがく》は、動物学《どうぶつがく》や植物学《しょくぶつがく》、鉱物学《こうぶつがく》などというようにこまかく分《わ》けられていきます。そして地層《ちそう》のなりたちや化石《かせき》を調《しら》べて地球《ちきゅう》の歴史《れきし》を考《かんが》える「地《ち》質学《しつがく》」、その一部《いちぶ》として絶滅《ぜつめつ》した古代《こだい》の生物《せいぶつ》を研究《けんきゅう》する「古生物学《こせいぶつがく》」も発展《はってん》していきました。

化石《かせき》

化石《かせき》とは、大昔《おおむかし》の動物《どうぶつ》や植物《しょくぶつ》、くらしのあとなどが、地中《ちちゅう》で保存《ほぞん》されたものです。死《し》んだ生《い》き物《もの》が土《つち》にうもれると、皮《かわ》や肉《にく》などのやわらかい部分《ぶぶん》は分解《ぶんかい》されてなくなり、骨《ほね》や爪《つめ》、殻《から》などのかたい部分《ぶぶん》だけがのこされます。こののこされた部分《ぶぶん》に、長《なが》い年月《ねんげつ》をかけてまわりの土《つち》の成分《せいぶん》がしみこみ、もともとかたい部分《ぶぶん》を形《かたち》づくっていた成分《せいぶん》とおきかわったものが化石《かせき》とよばれるのです。化石《かせき》は地殻変動《ちかくへんどう》や、雨風《あめかぜ》で地面《じめん》がけずられた時《とき》などに地表《ちひょう》に現《あらわ》れ、発見《はっけん》されます。

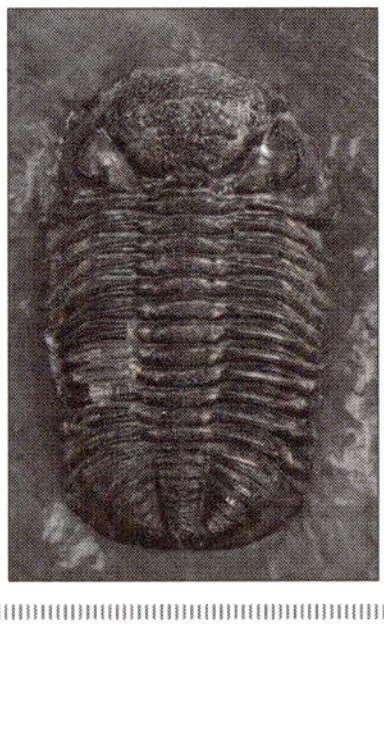

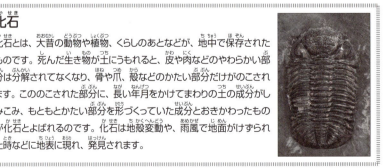

化石《かせき》の産地《さんち》ライム・リージス

メアリーのうまれたライム・リージスは、イギリスとフランスの間《あいだ》にあるイギリス海峡《かいきょう》に面《めん》した海辺《うみべ》の町《まち》です。海岸《かいがん》にそって、高《たか》いところでは海面《かいめん》から150メートルもある断崖《だんがい》が連《つら》なっています。約《やく》1億《おく》8500万年前《まんねんまえ》のジュラ紀前期《きぜんき》とよばれる時代《じだい》の地層《ちそう》がむきだしになっている場所《ばしょ》がいくつもあり、アンモナイトなどの化石《かせき》がたくさん発掘《はっくつ》されました。崖《がけ》の土《つち》は崩《くず》れやすく、嵐《あらし》がくるたびに表面《ひょうめん》が雨風《あめかぜ》でけずられて新《あたら》しい地面《じめん》が現《あらわ》れるため、化石《かせき》の探索《たんさく》にはとてもむいていました。

顕生代《けんせいだい》	新生代《しんせいだい》	第四紀《だいよんき》	258万年前《まんねんまえ》から現在《げんざい》まで
		新第三紀《しんだいさんき》	2303万年前《まんねんまえ》から258万年前《まんねんまえ》まで
		古第三紀《こだいさんき》	6600万年前《まんねんまえ》から2303万年前《まんねんまえ》まで
	中生代《ちゅうせいだい》	白亜紀《はくあき》	1億《おく》4500万年前《まんねんまえ》から6600万年前《まんねんまえ》まで
		ジュラ紀《き》	2億《おく》130万年前《まんねんまえ》から1億《おく》4500万年前《まんねんまえ》まで
		三畳紀《さんじょうき》	2億《おく》5190万年前《まんねんまえ》から2億《おく》130万年前《まんねんまえ》まで
	古生代《こせいだい》	ペルム紀《き》	2億《おく》9890万年前《まんねんまえ》から2億《おく》5190万年前《まんねんまえ》まで
		石炭紀《せきたんき》	3億《おく》5890万年前《まんねんまえ》から2億《おく》9890万年前《まんねんまえ》まで
		デボン紀《き》	4億《おく》1920万年前《まんねんまえ》から3億《おく》5890万年前《まんねんまえ》まで
		シルル紀《き》	4億《おく》4380万年前《まんねんまえ》から4億《おく》1920万年前《まんねんまえ》まで
		オルドビス紀《き》	4億《おく》8540万年前《まんねんまえ》から4億《おく》4380万年前《まんねんまえ》まで
		カンブリア紀《き》	5億《おく》4100万年前《まんねんまえ》から4億《おく》8540万年前《まんねんまえ》まで
原生代《げんせいだい》			25億年前《おくねんまえ》から5億《おく》4100万年前《まんねんまえ》まで
始生代《しせいだい》			40億年前《おくねんまえ》から25億年前《おくねんまえ》まで
冥王代《めいおうだい》			地球誕生《ちきゅうたんじょう》から40億年前《おくねんまえ》まで

地球《ちきゅう》の歴史《れきし》は発掘《はっくつ》される化石《かせき》の種類《しゅるい》などをめやすにして分《わ》けられています。大《おお》きく4つに分《わ》けられたうち、「顕生代《けんせいだい》」は化石《かせき》がよく見《み》つかるため、さらに細《こま》かく分《わ》けられています。恐竜《きょうりゅう》が生《い》きていたのは、おもに中生代《ちゅうせいだい》と呼《よ》ばれる時代《じだい》でした。

©Nigel Chadwick

危険《きけん》な作業《さぎょう》だった化石発掘《かせきはっくつ》

メアリーはたくさんの化石《かせき》を町《まち》の近《ちか》くにあった海岸《かいがん》ぞいの崖《がけ》（ブラック・ベンなど）で発見《はっけん》しました。このあたりは地質《ちしつ》がもろいため嵐《あらし》のあとには崖《がけ》が崩《くず》れることが多《おお》く、よく新《あたら》しい化石《かせき》を発見《はっけん》することができました。しかし、その半面《はんめん》では崖《がけ》が海《うみ》ぎわまでせまり、落石《らくせき》があれば逃《に》げ場《ば》のない危険《きけん》な場所《ばしょ》でもあったのです。メアリーが愛犬《あいけん》トレイをうしなったのも、発掘作業中《はっくつさぎょうちゅう》の崖崩《がけくず》れによるものでした。

基礎知識《きそちしき》
解説《かいせつ》

「恐竜学《きょうりゅうがく》」の夜明《よあ》け

メアリーが見《み》つけた巨大生物《きょだいせいぶつ》の化石《かせき》は「恐竜《きょうりゅう》」のものだったのでしょうか？　じつは、ちょっとちがうのです。

恐竜《きょうりゅう》の発見《はっけん》と命名《めいめい》

メアリーが化石《かせき》を発掘《はっくつ》しはじめた19世紀初頭《せいきしょとう》には、「恐竜《きょうりゅう》」という言葉《ことば》はまだありませんでした。１８２４年《ねん》、地質学者《ちしつがくしゃ》ウィリアム・バックランドは、それまで知《し》られていたどの生物《せいぶつ》ともちがう巨大《きょだい》な爬虫類《はちゅうるい》の化石《かせき》を研究《けんきゅう》して、その生《せい》物《ぶつ》をメガロサウルスと名《な》づけました。翌年《よくねん》には、医師《いし》のギデオン・マンテルが、発見《はっけん》した巨大《きょだい》な歯《は》の化石《かせき》の持《も》ち主《ぬし》の生物《せいぶつ》にイグアノドンと名《な》づけます。１８４２年《ねん》、これらの巨大《きょだい》な爬虫類《はちゅうるい》をまとめて、古生物学者《こせいぶつがくしゃ》のリチャード・オーウェンが「おそろし

バックランドがあごの骨《ほね》を発見《はっけん》したメガロサウルスの復元想像図《ふくげんそうぞうず》。

ウィリアム・バックランド
(1784～1856年《ねん》)

オックスフォード大学《だいがく》の教授《きょうじゅ》をつとめながら地質学《ちしつがく》や古生物学《こせいぶつがく》の研究《けんきゅう》をおこなった人物《じんぶつ》で、ロンドン地《ち》質学会《しつがっかい》の会長《かいちょう》もつとめました。ライム・リージスに近《ちか》いアクスミンスターにうまれ、化石《かせき》の研究《けんきゅう》のため、たびたびライム・リージスを訪《おとず》れています。研究《けんきゅう》した化石《かせき》の多《おお》くは、メアリーから買《か》いとったものでした。

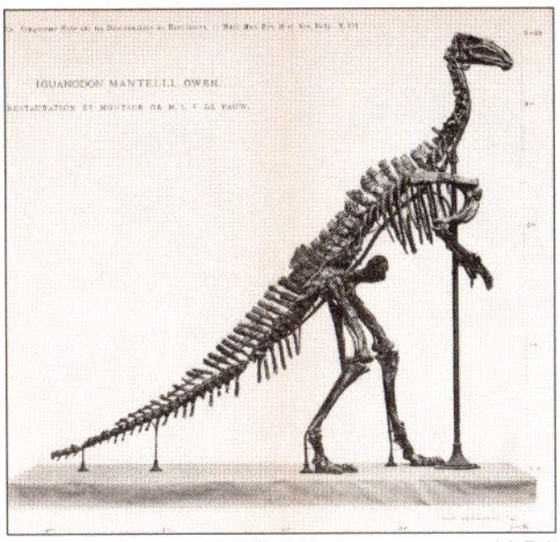

イグアノドンの復元骨格《ふくげんこっかく》。はじめは四足《よんそく》で歩《ある》く生物《せいぶつ》と考《かんが》えられていました。

いトカゲ」を意味《いみ》する「ダイノサウルス」という新《あたら》しいグループに分類《ぶんるい》しました。このダイノサウルスが日本《にほん》では「恐竜《きょうりゅう》」と訳《やく》されたのです。

新《あたら》しいグループと認《みと》められたことで、「恐竜《きょうりゅう》学《がく》」の研究《けんきゅう》が発展《はってん》していきます。

恐竜《きょうりゅう》やそれに近《ちか》い古生物《こせいぶつ》の分類《ぶんるい》

生物《せいぶつ》は、体《からだ》のつくりや生態《せいたい》によって、さまざまなグループにわけられています。そして、見《み》かけがにていても、おなじグループだとはかぎりません。イルカとイクチオサウルスは、見《み》かけはよくにていますが、イルカは哺乳類《ほにゅうるい》、イクチオサウルスは爬虫類《はちゅうるい》と、まったく別《べつ》のグループにわけられています。

恐竜《きょうりゅう》は爬虫類《はちゅうるい》に分類《ぶんるい》されますが、おなじ爬虫類《はちゅうるい》のなかにも、さらにこまかいグループわけがあり、メアリーが発見《はっけん》したイクチオサウルスは魚竜類《ぎょりゅうるい》、プレシオサウルスは首長竜類《くびながりゅうるい》、プテロダクティルス（のちにディモルフォドンに改《あらた》められる）は翼竜類《よくりゅうるい》と、恐竜《きょうりゅう》とは別《べつ》のグループに分類《ぶんるい》されています。

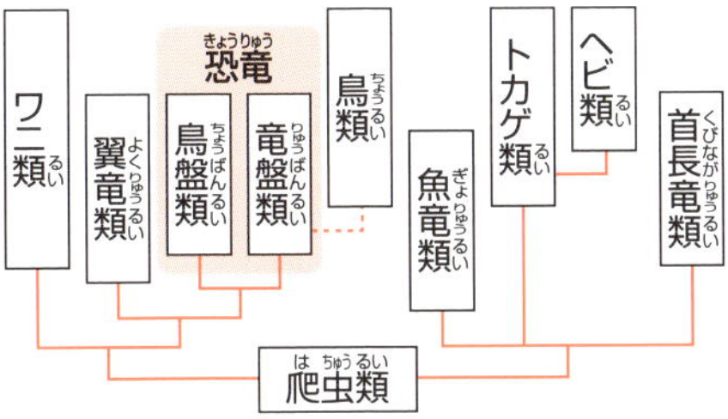

爬虫類《はちゅうるい》のなかまの分類《ぶんるい》

魚竜《ぎょりゅう》と首長竜《くびながりゅう》は海《うみ》の中《なか》で暮《く》らす爬虫類《はちゅうるい》。翼竜《よくりゅう》はつばさがあって空《そら》を飛《と》ぶ爬虫類《はちゅうるい》。恐竜《きょうりゅう》は主《おも》に陸上《りくじょう》で暮《く》らしていた爬虫類《はちゅうるい》で、脚《あし》の関節《かんせつ》の形《かたち》のちがいなどから現代《げんだい》のワニなどの爬虫類《はちゅうるい》とは区別《くべつ》されています。また、鳥類《ちょうるい》はもとは竜盤類《りゅうばんるい》からわかれて進化《しんか》したものだと考《かんが》えられています。

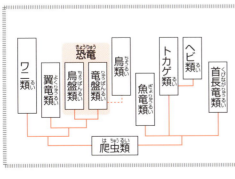

基礎知識《きそちしき》 解説《かいせつ》

メアリーが発見《はっけん》した化石《かせき》

メアリー・アニングが発見《はっけん》した化石《かせき》は、多《おお》くのものが今《いま》ではロンドンやライム・リージスの博物館《はくぶつかん》におさめられています。

イクチオサウルス

メアリーが化石発掘者《かせきはっくつしゃ》として評判《ひょうばん》を得《え》るきっかけとなった魚竜《ぎょりゅう》イクチオサウルス。ロンドン自然史博物館《しぜんしはくぶつかん》におさめられた記念《きねん》すべき最初《さいしょ》の骨《ほね》は、胴体《どうたい》がなくなってしまい、兄《あに》のジョゼフが見《み》つけた頭骨《とうこつ》と、首《くび》の部分《ぶぶん》しか残《のこ》っていません。

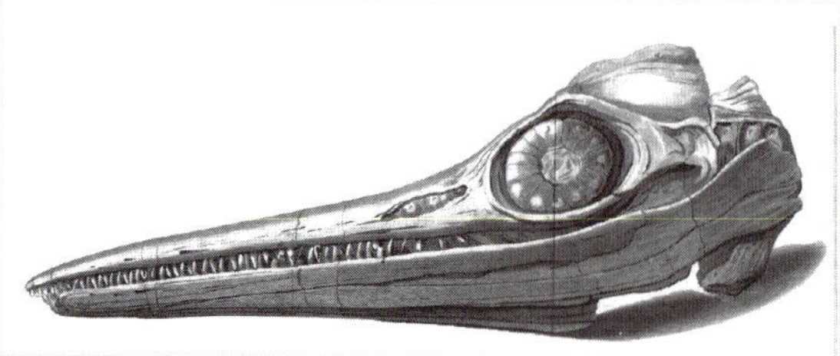

ディモルフォドン

1828年《ねん》に発見《はっけん》した空《そら》を飛《と》ぶ爬虫類《はちゅうるい》。すでにドイツでも発見《はっけん》されていましたが、イギリス産《さん》では初《はじ》めてのものでした。

ロンドンの自然史博物館《しぜんしはくぶつかん》

ロンドンのサウスケンジントンにある博物館《はくぶつかん》。1759年《ねん》に開館《かいかん》した大英博物館《だいえいはくぶつかん》から、1881年《ねん》に自然史部門《しぜんしぶもん》の標本《ひょうほん》を分《わ》けて設立《せつりつ》されたものです。メアリー・アニングの肖像画《しょうぞうが》や、彼女《かのじょ》が発見《はっけん》したとされる化石《かせき》が展示《てんじ》されています。

©Murakami Rico

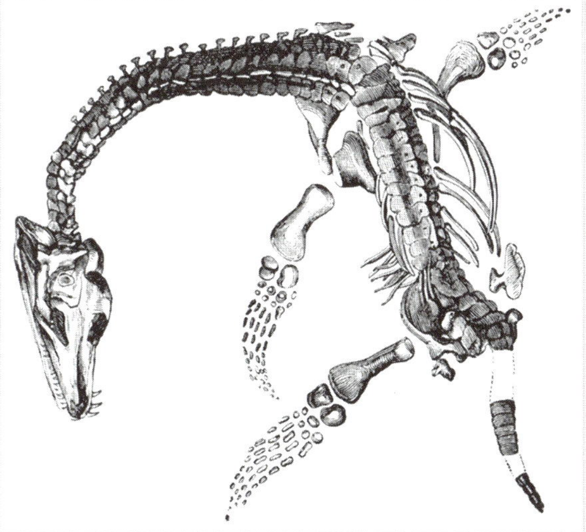

プレシオサウルス

1823年《ねん》に世界《せかい》で初《はじ》めてメアリーが発掘《はっくつ》した首長竜《くびながりゅう》です。デ・ラ・ビーチとウィリアム・コニベアは、発見《はっけん》の2年《ねん》前《まえ》に、イクチオサウルスとワニの中間《ちゅうかん》にあたる生物《せいぶつ》がいるはずだということを予測《よそく》して共同《きょうどう》論文《ろんぶん》に書《か》き、プレシオサウルスという名前《なまえ》も先《さき》につけていました。

スクアロラヤ

1829年《ねん》にメアリーは奇妙《きみょう》な化石《かせき》を発見《はっけん》しました。研究者《けんきゅうしゃ》たちはこれをエイの仲間《なかま》だと考《かんが》えました。それに対《たい》してメアリーはエイを解剖《かいぼう》して骨格《こっかく》を調《しら》べ、スクアロラヤはサメとエイの中《ちゅう》間《かん》の生《い》き物《もの》と主張《しゅちょう》しました。現在《げんざい》ではメアリーの考《かんが》えが正《ただ》しかったとされています。

時代《じだい》に先《さき》がけたヒロイン、メアリー・アニング

メアリーの仕事《しごと》は、かつてはうまれた環境《かんきょう》や性別《せいべつ》のために、男性《だんせい》の科学者《かがくしゃ》たちのようには評価《ひょうか》されてきませんでした。しかし、近《きん》年《ねん》ではさまざまな資料《しりょう》が調《しら》べなおされ、注目《ちゅうもく》されています。ヨーロッパやアメリカでは絵本《えほん》や児童書《じどうしょ》がたくさん出版《しゅっぱん》され、「他人《たにん》の目《め》を気《き》にせず、科学《かがく》の世界《せかい》で活躍《かつやく》した女《おんな》の子《こ》」のイメージを代《だい》表《ひょう》する存在《そんざい》となっています。

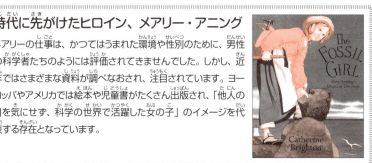

基礎知識《きそちしき》
解説《かいせつ》

メアリーが影響《えいきょう》をあたえた人《ひと》たち

メアリーの発掘《はっくつ》した化石《かせき》を研究《けんきゅう》に利用《りよう》したり、後《のち》の時代《じだい》に影響《えいきょう》を受《う》けたり、さまざまな関《かか》わり方《かた》をした人《ひと》びとを紹介《しょうかい》します。

ヘンリー・トーマス・デ・ラ・ビーチ

1796年《ねん》生《う》まれ
1855年没《ねんぼつ》

裕福《ゆうふく》な家《いえ》にうまれた地質学者《ちしつがくしゃ》。1812年《ねん》、16歳《さい》のときにライム・リージスに引《ひ》っこしてきてメアリーと出会《であ》い、生涯《しょうがい》の友人《ゆうじん》となりました。ふたりの間《あいだ》にロマンスがあったともいわれますが、それを確認《かくにん》できる記録《きろく》はありません。若《わか》いころから学者《がくしゃ》として認《みと》められ、政府《せいふ》の地質学研究所《ちしつがくけんきゅうじょ》の初代所長《しょだいしょちょう》に就任《しゅうにん》しました。後年《こうねん》は地質学会会長《ちしつがっかいかいちょう》をつとめ、ナイト（騎士《きし》）に任《にん》ぜられました。

マーチソン夫妻《ふさい》

夫《おっと》ロデリック　1792年《ねん》生《う》まれ、1871年没《ねんぼつ》
妻《つま》シャーロット　1788年《ねん》生《う》まれ、1869年没《ねんぼつ》

夫《おっと》のロデリックは陸軍軍人《りくぐんぐんじん》、妻《つま》のシャーロットも裕福《ゆうふく》な将軍《しょうぐん》の娘《むすめ》で、ふたり

ヘンリー・トーマス・デ・ラ・ビーチ

は1815年《ねん》に結婚《けっこん》しました。
妻《つま》がまず地質学《ちしつがく》を勉強《べんきょう》しはじめ、夫《おっと》に知識《ちしき》を伝《つた》えて励《はげ》ますことによって、ロデリックは目覚《めざ》ましい勢《いきお》いで学者《がくしゃ》として成功《せいこう》し、ロンドン地質学会《ちしつがっかい》の会長《かいちょう》にもなりました。シャーロットはメアリーから化石《かせき》について多《おお》くの知識《ちしき》を学《まな》び、メアリーが発掘《はっくつ》した化石《かせき》を多《おお》くの研究者《けんきゅうしゃ》に紹介《しょうかい》して彼女《かのじょ》をささえました。

チャールズ・ダーウィン

1809年《ねん》生まれ
1882年没《ねんぼつ》

1859年《ねん》に『種《しゅ》の起源《きげん》』という生物《せいぶつ》の進化《しんか》について研究《けんきゅう》した本《ほん》を発表《はっぴょう》した科学者《かがくしゃ》。生物《せいぶつ》は、種《しゅ》の集団《しゅうだん》のなかで変異《へんい》を起《お》こして、有利《ゆうり》な特徴《とくちょう》を持《も》ったものがより多《おお》く子孫《しそん》を残《のこ》し、不利《ふり》な特徴《とくちょう》が消《き》えていくことで進化《しんか》してきたという説《せつ》をとなえました（「自然選択説《しぜんせんたくせつ》」）。当時《とうじ》は「すべての種《しゅ》は神《かみ》が創造《そうぞう》したもので、絶滅《ぜつめつ》することはあっても、変化《へんか》はしていない」という考《かんが》えが主流《しゅりゅう》だったため、ダーウィンがとなえた説《せつ》は、世《よ》の中《なか》に大《おお》きな衝撃《しょうげき》をあたえました。メアリーよりは少《すこ》しあとのことですが、彼女《かのじょ》の化石《かせき》による研究《けんきゅう》も基礎《きそ》になっていることは間違《まちが》いありません。

ロデリック・マーチソン

チャールズ・ダーウィン

基礎知識《きそちしき》 年表《ねんぴょう》

メアリー・アニングの生《い》きた時代《じだい》

年表《ねんぴょう》の見方《みかた》
年齢《ねんれい》はその年《とし》の満年齢《まんねんれい》を表《あらわ》しています。

西暦《せいれき》	年齢《ねんれい》	メアリー・アニングの生涯《しょうがい》	世界《せかい》と日本《にほん》の主《おも》な出来事《できごと》
1799年《ねん》		5月《がつ》21日《にち》、父《ちち》リチャードと母《はは》メアリー（通称《つうしょう》モリー）の子《こ》として、イギリス南西部《なんせいぶ》の町《まち》ライム・リージスにうまれる。	エジプトでロゼッタ・ストーンが発見《はっけん》される。
1800年《ねん》	1歳《さい》	8月《がつ》19日《にち》、子守《こも》りの女性《じょせい》とともに出《で》かけたサーカス見物《けんぶつ》で雷《かみなり》にうたれるが、奇跡的《きせきてき》に一命《いちめい》をとりとめる。	伊能忠敬《いのうただたか》が北海道《ほっかいどう》を測量《そくりょう》する。
1807年《ねん》	8歳《さい》	父《ちち》リチャードが崖《がけ》からの転落事故《てんらくじこ》で重傷《じゅうしょう》をおう。ロンドンで地質学会《ちしつがっかい》が創立《そうりつ》される。	
1810年《ねん》	11歳《さい》	父《ちち》リチャードが亡《な》くなる。このころから、家計《かけい》をたすけるために父《ちち》にかわって化石《かせき》を発掘《はっくつ》するようになる。	
1811年《ねん》	12歳《さい》	兄《あに》ジョゼフが魚竜《ぎょりゅう》の頭部《とうぶ》の化石《かせき》を発見《はっけん》する。	

1812年《ねん》	13歳《さい》	このころ、ライム・リージスに引《ひ》っこしてきたデ・ラ・ビーチと知《し》りあう。兄《あに》ジョゼフが見《み》つけた魚竜《ぎょりゅう》の化石《かせき》の、のこりの胴体《どうたい》の部《ぶ》分《ぶん》の化石《かせき》を発見《はっけん》する。11月9日《がつここのか》、地元《じもと》の新聞《しんぶん》がメアリーの発見《はっけん》を「ワニの化石《かせき》」と報《ほう》じる。	
1817年《ねん》	18歳《さい》	メアリーの発掘《はっくつ》した魚竜《ぎょりゅう》が「イクチオサウルス」と命名《めいめい》される。デ・ラ・ビーチが地質学会《ちしつがっかい》の会員《かいいん》になる。	
1818年《ねん》	19歳《さい》	ふたつ目《め》のイクチオサウルスの化石《かせき》を発見《はっけん》する。このころ、デ・ラ・ビーチが結婚《けっこん》する。	伊能忠敬《いのうただたか》が亡《な》くなる。
1820年《ねん》	21歳《さい》	化石収集家《かせきしゅうしゅうか》のバーチがメアリーの発掘《はっくつ》した化石《かせき》の競売会《きょうばいかい》をひらき、売《う》り上《あ》げをアニング家《け》に寄付《きふ》する。	ナイチンゲールがうまれる。
1821年《ねん》	22歳《さい》	デ・ラ・ビーチと地質学者《ちしつがくしゃ》ウィリアム・コニベアが首長《くびなが》竜《りゅう》プレシオサウルスの存在《そんざい》を予想《よそう》する論文《ろんぶん》を発表《はっぴょう》する。	ナポレオンが亡《な》くなる。

西暦《せいれき》	年齢《ねんれい》	メアリー・アニングの生涯《しょうがい》	世界《せかい》と日本《にほん》の主《おも》な出来事《できごと》
1823年《ねん》	24歳《さい》	プレシオサウルスの全身骨格《ぜんしんこっかく》の化石《かせき》を、世界《せかい》ではじめて発見《はっけん》する。	ファーブルがうまれる。
1825年《ねん》	26歳《さい》	このころ、犬《いぬ》のトレイをかいはじめ、化石発掘《かせきはっくつ》につれていくようになる。ライム・リージスを訪《おとず》れた地質学者《ちしつがくしゃ》のマーチソン夫妻《ふさい》と知《し》りあう。	
1826年《ねん》	27歳《さい》	海岸《かいがん》ぞいの家《いえ》から、ライム・リージスの町《まち》の中心《ちゅうしん》に近《ちか》い高台《たかだい》の家《いえ》に引《ひ》っこす。7月《がつ》22日《にち》、地元《じもと》の新聞《しんぶん》がメアリーの化石店《かせきてん》の引《ひ》っこしを報《ほう》じる。	
1828年《ねん》	29歳《さい》	翼竜《よくりゅう》プテロダクティルス（のちにディモルフォドンと改《あらた》められる）の全身骨格《ぜんしんこっかく》の化石《かせき》を、イギリスではじめて発見《はっけん》する。	

年	歳	出来事	世界のできごと
1829年《ねん》	30歳《さい》	ふたつ目《め》のプレシオサウルスの全身骨格《ぜんしんこっかく》の化石《かせき》を発見《はっけん》する。 7月《がつ》、マーチソン夫妻《ふさい》に招待《しょうたい》されてロンドンを訪《おとず》れ、地質学会《ちしつがっかい》や大英博物館《だいえいはくぶつかん》を見学《けんがく》する。 兄《あに》ジョゼフが結婚《けっこん》する。 化石魚《かせきぎょ》スクアロラヤを発見《はっけん》する。	
1830年《ねん》	31歳《さい》	スクアロラヤの鑑定《かんてい》のため、エイの解剖《かいぼう》をおこなう。 デ・ラ・ビーチが古代《こだい》の生《い》き物《もの》の想像図《そうぞうず》をえがいて販売《はんばい》する。 3つ目《め》のプレシオサウルスの全身骨格《ぜんしんこっかく》の化石《かせき》を発見《はっけん》する。	フランスで7月革命《がつかくめい》が起《お》きる。
1831年《ねん》	32歳《さい》	ライム・リージスを訪《おとず》れたアンナ・マリア・ピニーと知《し》りあう。	ダーウィンがビーグル号《ごう》でイギリスを出発《しゅっぱつ》する。
1833年《ねん》	34歳《さい》	このころ、化石《かせき》の発掘中《はっくつちゅう》に落石《らくせき》にあい、犬《いぬ》のトレイが亡《な》くなる。 ピニーがライム・リージスを訪《おとず》れる。	

西暦《せいれき》	年齢《ねんれい》	メアリー・アニングの生涯《しょうがい》	世界《せかい》と日本《にほん》の主《おも》な出来事《できごと》
1838年《ねん》	39歳《さい》	イギリス政府《せいふ》からの報奨金《ほうしょうきん》と年金《ねんきん》を受《う》けとる。	
1841年《ねん》	42歳《さい》	肖像画家《しょうぞうがか》のウィリアム・グレイがライム・リージスを訪《おとず》れ、メアリーの肖像画《しょうぞうが》をえがく。	伊藤博文《いとうひろぶみ》がうまれる。
1842年《ねん》	43歳《さい》	母《はは》モリーが亡《な》くなる。	江戸幕府《えどばくふ》が異国船打払令《いこくせんうちはらいれい》を廃《はい》止《し》する。 アヘン戦争《せんそう》が終《お》わる。
1844年《ねん》	45歳《さい》	ザクセン王国《おうこく》（現在《げんざい》のドイツの一部《いちぶ》）の国王《こくおう》フリードリヒ・アウグストがライム・リージスを訪《おとず》れ、メアリーから化石《かせき》を購入《こうにゅう》する。	
1845年《ねん》	46歳《さい》	このころから、体調《たいちょう》の悪化《あっか》を自覚《じかく》しはじめる。	レントゲンがうまれる。
1846年《ねん》	47歳《さい》	地質学会《ちしつがっかい》がメアリーに特別年金《とくべつねんきん》を支給《しきゅう》することを決《き》める。	海王星《かいおうせい》が発見《はっけん》される。

1847年《ねん》		3月9日《がつここのか》、亡《な》くなる。	エジソンがうまれる。
1848年《ねん》		デ・ラ・ビーチが地質学会《ちしつがっかい》の会長《かいちょう》に就任《しゅうにん》し、メアリーの死《し》をいたむ演説《えんぜつ》をする。	カリフォルニアでゴールドラッシュが始《はじ》まる。
1849年《ねん》		兄《あに》ジョゼフが亡《な》くなる。	エドガー・アラン・ポーが亡《な》くなる。
1850年《ねん》		地質学会《ちしつがっかい》とライム・リージスの人《ひと》びとがメアリーの死《し》をしのんで、ライム・リージスの教会《きょうかい》にステンドグラスを贈《おく》る。	
1999年《ねん》		ライム・リージスでアニング生誕《せいたん》200年記念国際会議《ねんきねんこくさいかいぎ》が開《ひら》かれる。	
2010年《ねん》		英国王立協会《えいこくおうりつきょうかい》が「科学《かがく》の歴史《れきし》に最《もっと》も影響《えいきょう》を与《あた》えたイギリスの女性《じょせい》10人《にん》」のリストを作成《さくせい》し、その中《なか》にメアリーが選《えら》ばれる。	

参考文献

『メアリー・アニングの冒険　恐竜学をひらいた女化石屋』
吉川惣司・矢島道子著　朝日新聞社
『化石をみつけた少女　メアリー・アニング物語』
キャサリン・ブライトン作　せなあいこ訳　評論社
『われら科学史スーパースター　天才・奇人・パイオニア?　すべては科学が語る!』
サイモン・バシャー絵　レグ・グラント文　片神貴子訳　玉川大学出版部
『海辺の宝もの』
ヘレン・ブッシュ著　鳥見真生訳　あすなろ書房
『ポプラディア大図鑑WONDA　恐竜』
ポプラ社
『レンズが撮らえた19世紀　英国』
海野弘他著　山川出版社
『図説　イギリスの歴史』
指昭博著　河出書房新社
『ドレ画　ヴィクトリア朝時代のロンドン』
小池滋編著　社会思想社
『女性の服飾文化史　新しい美と機能性を求めて』
日置久子著　西村書店

漫画：北神 諒（きたかみ・りょう）

漫画家・イラストレーター。主に児童書・企画系漫画などで活躍。主な作品に『コミック版世界の超ミステリー2　UFOと宇宙人を追え！』、『ポーランド孤児を救った日本赤十字社』、『マンガでマスター　競技かるたで勝つ！　百人一首教室』（いずれもポプラ社）、『学研まんが　NEW日本の伝記　紫式部　はなやかな王朝絵巻『源氏物語』の作者』（学研）などがある。

監修：矢島道子（やじま・みちこ）

理学博士（古生物学）、科学史家。日本大学文理学部非常勤講師。主な著書に『地球からの手紙』（国際書院）、『化石の記憶－古生物学の歴史をさかのぼる』（東京大学出版会）、共著に『メアリー・アニングの冒険　恐竜学をひらいた女化石屋』（朝日新聞社）など。明治のお雇い外国人科学者「フランツ・ヒンゲンドルフ展」（1997〜1998年開催）を企画するなど、科学史に関わる仕事も多い。

本文・見返しイラスト／ank
作画協力／山田せいこ
編集協力／甲田秀昭（株式会社J's publishing）
　　　　　村上リコ
デザイン協力／株式会社ウエイド

コミック版　世界の伝記㊶
メアリー・アニング

2018年7月　第1刷
2023年4月　第7刷

漫　画　北神 諒
発行者　千葉 均
編　集　勝屋 圭
発行所　株式会社ポプラ社
〒102-8519　東京都千代田区麹町4-2-6
ホームページ　www.poplar.co.jp
印刷・製本　図書印刷株式会社

ISBN978-4-591-15910-1　N.D.C.289　126p　23cm　Printed in Japan

P7107041

ガンジー
キュリー夫人
福沢諭吉
マザー・テレサ
伊能忠敬
ジャンヌ・ダルク
コロンブス
ベートーベン
ガリレオ
松尾芭蕉
ファーブル
北里柴三郎
樋口一葉
宮沢賢治
ココ・シャネル
アンネ・フランク
ナイチンゲール
ヘレン・ケラー
野口英世
エジソン

私《わたし》は自分自身《じぶんじしん》の幸《しあわ》せや
とるに足《た》らないことは忘《わす》れても、

私《わたし》はけっして
ライムの霧《きり》から

トレイはとても
有能《ゆうのう》な助手《じょしゅ》でした。
彼《かれ》は化石《かせき》の上《うえ》に寝《ね》て、
じょうずにかくすことが
できたのです。

先週発見《せんしゅうはっけん》した、
若《わか》いプレシオサウルス
について
お知《し》らせするために
書《か》いています。
それは間違《まちが》いなく
私《わたし》がこれまで見《み》た